クララ

坂牧 俊子 文
矢野 滋子 絵

女子パウロ会

はじめに

これは、いまからやく八〇〇年《ねん》くらいまえに、イタリアの小《ちい》さな町《まち》、アシジに生《う》まれた美《うつく》しい貴族《きぞく》のむすめクララが、キリストさまのこの世《よ》でのご生活《せいかつ》にならって、ぜいたくなくらしをすて、きよらかなすみれの花《はな》のような一生《いっしょう》を送《おく》り、聖人《せいじん》となるまでのおはなしです。

八〇〇年《ねん》もむかしのクララの生活《せいかつ》は、いまのわたしたちのものとは、すいぶんちがっているでしょうが、神《かみ》さまへの愛《あい》、まわりの人《ひと》たちへの愛《あい》の心《こころ》は、わたしたちも同《おな》じように持《も》つことができるのです。

そして、いまのように、物《もの》があまるほどある世《よ》の中《なか》に生《い》きているわたしたちは、なぜクララが、この世《よ》のぜいたくをすっかりすてて、神《かみ》さまのことだけを考《かんが》える生活《せいかつ》をえらんだのか、考《かんが》えてみる必要《ひつよう》があると思《おも》います。

さあ、これからいっしょに、むかしむかしのイタリアの小《ちい》さな町《まち》を、そっとのぞきにいってみましょう。

もくじ

はじめに

1

アシジの美《うつく》しい少女《しょうじょ》

クララとフランシスコ 8

フランシスコの回心《かいしん》 23

すべてをすてて 37

「むすめたちを取《と》り返《かえ》せ！」 53

2

ぼろをまとった天使《てんし》

院長《いんちょう》さま 64
愛《あい》の語《かた》らい 81
フランシスコの死《し》 89
クララ会《かい》の発展《はってん》 100

3

ふしぎなおめぐみ

神《かみ》さまのおたすけ 112
イエスさまのおくるしみ 125
天《てん》からのおむかえ 140

1 アシジの美《うつく》しい少女《しょうじょ》

クララとフランシスコ

ここは、イタリアの都《みやこ》ローマから、北《きた》へ二〇〇キロほどはなれた小高《こだか》いおかの上《うえ》の町《まち》、アシジです。白《しろ》く光《ひか》るオリーブの木々《きぎ》の向《む》こうに、うす緑色《みどりいろ》のウンブリア地《ち》方《ほう》の広《ひろ》い野原《のはら》が美《うつく》しくひろがって見《み》えます。

この町《まち》の貴族《きぞく》、オフレドゥツィオの家《いえ》は、いまよろこびにあふれていました。長《なが》い間《あいだ》子《こ》どもができないのを悲《かな》しんで、聖地巡礼《せいちじゅんれい》（イエスさまの生活《せいかつ》された所《ところ》を、いのりながらたずねること）までして、子《こ》どもをさずかるようにいのっていたオルトラーナ夫人《ふじん》に、かわいい女《おんな》の子《こ》が生《う》まれたのです。広《ひろ》いりっぱな屋敷《やしき》の中《なか》を、めしつかいたちがいそがしそうに、行《い》ったり来《き》たりしています。おいわいにやってきた大《おお》ぜいのお客《きゃく》さまたちのおもてなしに、大《おお》いそがしなのです。

でも、主人《しゅじん》のファバローネは、あまりうれしそうではありません。なぜなら、将来《しょうらい》、この名誉《めいよ》ある貴族《きぞく》の家《いえ》をりっぱについでくれる男《おとこ》の子《こ》がほしかったからです。それに、そのころは皇帝《こうてい》と教皇《きょうこう》がにらみあい、都市《とし》と都市《とし》がけんかをし、市民《しみん》と貴《き》族《ぞく》があらそって、一日《にち》も平和《へいわ》な日《ひ》のない戦国時代《せんごくじだい》でしたから、なおさら武士《ぶし》になって、りっぱなてがらをたててくれるような、強《つよ》い男《おとこ》の子《こ》がほしかったのかもしれません。

でも、オルトラーナ夫人《ふじん》は、自分《じぶん》によくにた美《うつく》しい女《おんな》の子《こ》を、しあわせそうにながめていました。ピンクのレースにかざられたゆりかごの中《なか》で、すやすやとねむるこの赤《あか》ちゃんに、名《な》まえはなんとつけましょう?

それを考《かんが》える必要《ひつよう》はありません。なぜなら、この子《こ》の名《な》まえは、生《う》まれるまえからもう決《き》まっていたからです。というのは、もうじき赤《あか》ちゃんが生《う》まれるというころ、夫人《ふじん》が教会《きょうかい》の十字架《じゅうじか》のご像《ぞう》の前《まえ》でおいのりをしていると、どこからか、ささやく声《こえ》が聞《き》こえました。

「おそれてはいけません。あなたは、世界《せかい》をてらす光《ひかり》の子《こ》を安《やす》らかに生《う》むでしょう。その子は、『光《ひか》りかがやくもの』とよばれるでしょう。」

「クララ」というのは、そういう意味《いみ》なのです。

そのころ、同《おな》じ町《まち》に住《す》むお金持《かねも》ちの織物商人《おりものしょうにん》、ピエトロ・ベルナルドーネの家《いえ》には、十二歳《さい》になるフランシスコという少年《しょうねん》がいました。いつも楽《たの》しげなほほえみをうかべたこの美少年《びしょうねん》は、遊《あそ》ぶのが大《だい》すきで、とくに歌《うた》が上手《じょうず》でした。

たくさんのお友《とも》だちを集《あつ》めては、町《まち》じゅうをうたって歩《ある》き、遊《あそ》び仲間《なかま》の「王《おう》さま」でした。お金持《かねも》ちのむすこらしく、服《ふく》もぜいたくな物《もの》を着《き》ていましたが、まずしい人《ひと》にはたいへんしんせつでした。物《もの》ごいを見《み》ると、おしげもなくお金《かね》をつかんでわたしました。あるときには、遊《あそ》びに夢中《むちゅう》で、つい、「うるさい!」と言《い》って追《お》いはらった物《もの》ごいのあとを追《お》いかけていき、たくさんのお金《かね》をわたして、あやまったこともありました。

――ぼくの家《いえ》はお金持《かねも》ちなのだから、まずしい人《ひと》にわけてあげるのはあたりまえだ――と、思《おも》っていたのです。

でも、お父《とう》さんのピエトロは、そんなフランシスコが心配《しんぱい》でたまりません。むすこには、お店《みせ》のあとをついで、たくさんお金《かね》をもうけてもらいたいのに、フランシスコのほうは、使《つか》うことばかり考《かんが》えていたからです。

でも、町《まち》の人《ひと》たちは、なさけぶかくて美《うつく》しいフランシスコを、「少年《しょうねん》の花《はな》」とよんで愛《あい》していました。


いっぽう、クララは、信仰《しんこう》の深《ふか》いお母《かあ》さまにたいせつに育《そだ》てられ、おいのりも熱《ねっ》心《しん》にしていました。フランシスコと同《おな》じように、お金持《かねも》ちのクララは、食《た》べ物《もの》にも、着《き》る物《もの》にも不自由《ふじゆう》していませんでしたが、いつもまずしい人《ひと》のことを考《かんが》えていました。この世《よ》の中《なか》には、家《いえ》もパンもない人《ひと》、だれも世話《せわ》をしてくれない病人《びょうにん》、すてられた子《こ》どもや老人《ろうじん》のいることを知《し》って、じっとしていられませんでした。友《とも》だちや家《いえ》の人《ひと》と外《そと》へ出《で》るときは、かならずお金《かね》をたくさん持《も》っていき、物《もの》ごいにわけてあげるのです。まだ四《よっ》つか五《いつ》つの小《ちい》さい女《おんな》の子《こ》であるクララが、そのかわいらしい手《て》でお金《かね》をわたし、にっこりほほえむようすは、まるで天使《てんし》のように見《み》えました。

おなかのすいている人《ひと》を見《み》ると、自分《じぶん》のおさらから、いちばんおいしそうなごちそうをそっと残《のこ》して、持《も》っていってあげますし、親《おや》のない子《こ》どもたちには、自分《じぶん》のたいせつにしているおもちゃでもあげてしまうのでした。

こんなクララとフランシスコの二人《ふたり》は、こののち、どんなふうにめぐりあい、神《かみ》さまにみちびかれて、どんな道《みち》をたどるのでしょうか。

フランシスコが二十一歳《さい》になったころ、アシジの町《まち》も、ついに戦争《せんそう》にまきこまれました。

市民《しみん》たちが、日《ひ》ごろいばっている貴族《きぞく》たちをおそって、その屋敷《やしき》に火《ひ》をつけたりしはじめ、貴族《きぞく》からたすけをもとめられた近《ちか》くのペルージアという国《くに》から、大《おお》ぜいの軍隊《ぐんたい》がおしよせて、アシジの町《まち》の中《なか》で戦《たたか》いがはじまったのです。

しかし、アシジはついに負《ま》けてしまい、大《おお》ぜいの市民《しみん》たちがつかまりました。その中《なか》に、フランシスコもいました。一年間《ねんかん》もつづいたこのほりょ生活《せいかつ》の中《なか》で、若者《わかもの》たちは、みないらいらし、のぞみを失《うしな》っていたのですが、フランシスコだけは、あいかわらず陽気《ようき》でした。どんなときでも、将来《しょうらい》に希望《きぼう》をもち、明《あか》るく生《い》きていく青年《せいねん》だったのです。

つぎの年《とし》の一二〇三年《ねん》に、ようやくアシジとペルージアの間《あいだ》に、平和《へいわ》の約束《やくそく》ができて、戦争《せんそう》は終《お》わりました。大《おお》ぜいの仲間《なかま》といっしょに、フランシスコは町《まち》に帰《かえ》ってきましたが、また戦争《せんそう》をのがれてアシジを出《で》ていた貴族《きぞく》たちも、もとの屋敷《やしき》にもどってきました。

オフレドゥツィオ家《け》には、十一歳《さい》になったクララの下《した》に、二人《ふたり》の妹《いもうと》、アグネスとベアトリーチェが生《う》まれていて、家《いえ》の中《なか》は、三人《にん》のあいらしい少女《しょうじょ》たちのほほえみで、てらされていました。

月《つき》の明《あか》るい夜《よる》には、町《まち》の青年《せいねん》たちが楽《たの》しそうにうたいながら、通《とお》りを歩《ある》いていきます。

美《うつく》しいむすめのいる家《いえ》のまどの下《した》にくると、立《た》ちどまって、ロマンティックなセレナーデをうたうのです。かれらの中《なか》で、いちばんすばらしい声《こえ》をしているのは、フランシスコでした。仲間《なかま》の青年《せいねん》たちは、その声《こえ》に聞《き》きほれながら、楽器《がっき》で伴奏《ばんそう》をつけていました。

なんとやさしく、なんと魅力的《みりょくてき》な歌声《うたごえ》でしょう！

フランシスコがうたうと、恋《こい》の歌《うた》も、美《うつく》しいおいのりのように、きよらかに聞《き》こえました。

クララは、自分《じぶん》のへやの中《なか》で、それを聞《き》いていました。フランシスコのうわさは、いろいろな人《ひと》から聞《き》いていましたし、ちょっと会《あ》ってみたいのですが、まどから顔《かお》を出《だ》すなんて、はずかしくてできません。近《ちか》くで歌《うた》が聞《き》こえている間《あいだ》、クララは、いすにすわったままじっとしていました。

やがて、歌声《うたごえ》がまどの下《した》からだんだんと遠《とお》ざかっていくのを聞《き》いて、クララは、そっと、まどのカーテンのすきまからのぞいてみました。

フランシスコのらしいビロードのぼうしには、大《おお》きな赤《あか》いはねかざりがゆれていました。

遊《あそ》ぶのが大《だい》すきで、おしゃれなフランシスコ、でもまずしい人《ひと》にはやさしいフランシスコ、戦争《せんそう》では勇《ゆう》かんな兵士《へいし》のフランシスコ。

クララは、少女《しょうじょ》らしい、ほのかなあこがれをもって、そんなかれのうしろすがたを見送《みおく》っていました。

ブロンドのまき毛《げ》が、夜《よる》の風《かぜ》にやさしくゆれていました。

アシジでは、戦争《せんそう》はどうにかおさまりましたが、ドイツ皇帝《こうてい》のけらいであるマルクワルト将軍《しょうぐん》が、教皇《きょうこう》さまであるイノセント三世《せい》にそむき、またまた戦《たたか》いがはじまりました。はじめ教皇《きょうこう》さまの軍《ぐん》は負《ま》けていましたが、ゴーティエ伯爵《はくしゃく》というかたがみかたになってから、いきおいをもり返《かえ》し、つぎつぎにドイツ軍《ぐん》を打《う》ちやぶりました。このことを聞《き》くと、元気《げんき》のよい若者《わかもの》たちが、自分《じぶん》たちも大《おお》てがらをたててやろうと、ぞくぞくゴーティエ伯爵《はくしゃく》のもとに集《あつ》まりはじめました。人一倍《ひといちばい》めだちたがりやのフランシスコが、このチャンスを見《み》のがすはずがありません。さっそく、戦争《せんそう》に行《い》く準備《じゅんび》をはじめました。よろい、かぶとも、武器《ぶき》も、できるかぎりぜいたくな物《もの》をそろえて、みごとなかざり馬《うま》にのって、友人《ゆうじん》たちをおどろかせました。美男子《びだんし》のフランシスコには、それがにあって、まるで王《おう》さまのように見《み》えました。町《まち》の人々《ひとびと》が、口々《くちぐち》にほめるのを聞《き》きながら、フランシスコは、とくい顔《がお》で戦場《せんじょう》へ出《で》かけていきました。

途中《とちゅう》、まえから知《し》っている貴族《きぞく》の友人《ゆうじん》が、やせ馬《うま》にのってやってくるのに出会《であ》いました。この若者《わかもの》も、ゴーティエ伯爵《はくしゃく》の軍隊《ぐんたい》にはいるためにきたのですが、このまえの戦争《せんそう》でまずしくなったため、かぶとも、武器《ぶき》も、とてもそまつなものしかととのえられませんでした。フランシスコのりっぱなようすを見《み》て、はずかしそうに顔《かお》を赤《あか》くして、うつむいてしまったこの友人《ゆうじん》を見《み》ると、フランシスコは、ちょっと考《かんが》えていましたが、決心《けっしん》したように馬《うま》をおり、着《き》ているよろい、かぶとをさっさとぬぎすてて言《い》いました。

「ねえ、きみのと、取《と》りかえてくれないか?」

友人《ゆうじん》は、びっくりしました。

「とんでもない! そんなりっぱなものと、ぼくのぼろぼろのものと取《と》りかえるなんて、できやしないよ。」

「いや、きみは貴族《きぞく》なんだから、商人《しょうにん》のぼくより、こういうりっぱな物《もの》をつけるべきだよ。」

フランシスコは、遠慮《えんりょ》する友人《ゆうじん》に、むりやりに自分《じぶん》のよろい、かぶとを着《き》せ、馬《うま》まで取《と》りかえてしまいました。

フランシスコのはなやかな出発《しゅっぱつ》と、友人《ゆうじん》へのこの美《うつく》しいおこないは、たちまちアシジの市民《しみん》の評判《ひょうばん》になり、クララの耳《みみ》にもはいりました。まだ会《あ》ったことのないフランシスコのことを、もっと知《し》りたいという望《のぞ》みが、クララのむねの中《なか》で、ますます強《つよ》くなっていきました。クララも、フランシスコと同《おな》じように、行《い》きあった物《もの》ごいに、まよわず身《み》につけていた宝石《ほうせき》をあたえ、寒《さむ》がっている人《ひと》には、着《き》ている上着《うわぎ》をかけてあげていたからです。クララは、多《おお》くの人々《ひとびと》が、家《いえ》もなく、食《た》べる物《もの》もなく、また病気《びょうき》でくるしんでいるときに、お金持《かねも》ちがぜいたくな宝石《ほうせき》を身《み》につけ、毎《まい》日《にち》あまるほどのごちそうを食《た》べていることが、がまんできないのでした。

それから何日《なんにち》かあと、フランシスコがとつぜん帰《かえ》ってきたといううわさが、町《まち》にひろがりました。途中《とちゅう》で病気《びょうき》になったというのです。

それはほんとうでしたが、スポレトという町《まち》でたおれ、ベッドにねているとき、かれはとつぜんふしぎな声《こえ》を聞《き》きました。

「アシジへ帰《かえ》りなさい。そこで、おまえのするべきことがはなされるであろう。」

フランシスコには、これが神《かみ》さまの声《こえ》のように思《おも》え、それでいそいで、アシジへ帰《かえ》ってきたのでした。

しかし、帰《かえ》ってきたフランシスコは、そんなことはわすれたように、たちまちまた、もとのはでな生活《せいかつ》にもどり、友人《ゆうじん》を集《あつ》めては、どんちゃんさわぎをしたり、歌《うた》をうたいに町《まち》へ出《で》たりしはじめました。でも、なぜか、いままでのように楽《たの》しくありません。こんな生活《せいかつ》が、とてもむだな、つまらないものに思《おも》えてきたのです。

そんなとき、フランシスコの耳《みみ》に、また、あの声《こえ》が聞《き》こえました。

「フランシスコよ、おまえはこんな生活《せいかつ》のために生《う》まれてきたのか？　この世《よ》の楽《たの》しみや名誉《めいよ》ばかり追《お》いかけて、それでいいと思《おも》っているのか？」

フランシスコは、はっとしました。同時《どうじ》に、いままで感《かん》じたことのないよろこびが、そのむねいっぱいにひろがるのを感《かん》じました。

アシジでもっとも評判《ひょうばん》の高《たか》かったフランシスコ。美男子《びだんし》で、歌《うた》がうまくて、いつもりっぱな洋服《ようふく》を着《き》て、楽《たの》しそうに遊《あそ》びまわっていたフランシスコが別人《べつじん》のようにかわっていったのは、このときからだったのです。

かれは、二十三歳《さい》になっていました。

フランシスコの回心《かいしん》

戦争《せんそう》のあと、アシジにはまずしい人《ひと》がたいへん多《おお》く、道《みち》には物《もの》ごいが大《おお》ぜいいました。フランシスコは、自分《じぶん》の持《も》っているお金《かね》はもちろん、上着《うわぎ》でもぼうしでも、身《み》につけているものはなんでもあげてしまい、自分《じぶん》は、だんだんみすぼらしいすがたになっていきました。人々《ひとびと》は、あまりにかわってしまったフランシスコを見《み》て、おどろき、気《き》がくるってしまったのではないかと言《い》う人《ひと》もいました。お父《とう》さんは、お金《かね》をもうけることだけを考《かんが》える人《ひと》でしたから、毎日《まいにち》お店《みせ》のお金《かね》が持《も》ち出《だ》され、商品《しょうひん》の、高《たか》いねだんの織物《おりもの》がへっていくのを見《み》て、かんかんになっておこりました。

それを見《み》て、フランシスコは、

——こうしてあまっている物《もの》を、ただまずしい人《ひと》にあたえるだけでいいのだろう

か。神《かみ》さまにおつかえするのに、ほんとうにこれだけでいいのだろうか――

と、考《かんが》えるようになりました。

そのころ、イタリアには、ハンセン病《びょう》という、体《からだ》がだんだんくさって、くずれていくおそろしい病気《びょうき》にかかった人《ひと》が大《おお》ぜいいました。現在《げんざい》では、ハンセン病《びょう》をなおすよい薬《くすり》があり、治療《ちりょう》を受《う》ければひどくならないうちに、なおすことができるのですが、当時《とうじ》はまだ薬《くすり》もなく、たくさんの人《ひと》がくるしんでいたのです。

フランシスコは、この病人《びょうにん》が大《だい》きらいでした。くさいにおいをはなち、くずれた顔《かお》や手足《てあし》をしているのを見《み》るのがおそろしく、病人《びょうにん》の前《まえ》を通《とお》るときは、鼻《はな》をおさえ、顔《かお》をそむけてにげていたのです。

でも、ある日《ひ》、フランシスコは、にげ出《だ》したい思《おも》いをがまんして病人《びょうにん》に近《ちか》づき、お金《かね》を手《て》わたすと、ひざをついて、病人《びょうにん》のくさった手《て》の指《ゆび》にくちびるをつけてあいさつをしたのです。思《おも》わずはきそうになりながらも、フランシスコの心《こころ》は、よろこびでいっぱいでした。ついに自分《じぶん》の弱《よわ》さに勝《か》つことができたからです。

その日《ひ》から、フランシスコは、毎日病院《まいにちびょういん》をたずね、おみまいの品《しな》をとどけては、くるしんでいる病人《びょうにん》たちを、しんせつに看病《かんびょう》してあげるようになりました。

ある日《ひ》のことです。

アシジから十五分《ふん》ほど行《い》ったところにある、サン・ダミアノの教会《きょうかい》で、フランシスコはおいのりをしていました。ここは、むかしはりっぱな教会《きょうかい》だったのですが、いまではすっかり荒《あ》れてしまい、かざりといえば、イエスさまの大《おお》きな十字架《じゅうじか》のご像《ぞう》が一《ひと》つあるだけでした。でも、フランシスコは、静《しず》かなこの教会《きょうかい》がすきで、よく一人《ひとり》で行《い》っては、おいのりをしていたのです。

この日《ひ》も、十字架《じゅうじか》の前《まえ》にひざまずいて、

「神《かみ》さま、どうぞ、わたしのするべきことをお教《おし》えください」

と、いのっていました。すると、静《しず》かな声《こえ》が聞《き》こえました。

「フランシスコよ、行《い》って、わたしの教会《きょうかい》を建《た》て直《なお》しなさい。いま、教会《きょうかい》はくずれかけている。おまえがしっかりささえるのだ。」

フランシスコはびっくりして、あたりを見《み》まわしました。たしかに、教会《きょうかい》のかべはひびわれ、はしらはぐらぐらしています。

――ほんとうだ。すぐなおさなければたおれてしまう――

フランシスコは、自分《じぶん》の家《いえ》へとんで帰《かえ》り、店《みせ》からいちばん高《たか》い織物《おりもの》をたくさん持《も》ち出《だ》すと、となりの町《まち》へ売《う》りにいき、そのお金《かね》を教会《きょうかい》の建《た》て直《なお》しのためにと言《い》って、神父《しんぷ》さまにさし出《だ》しました。

そして、父《ちち》のいかりをのがれるため、サン・ダミアノ教会《きょうかい》に身《み》をかくしてしまいました。

父《ちち》のピエトロは、それを知《し》ると火《ひ》のようにいかり、町《まち》の裁判所《さいばんしょ》にむすこをうったえました。もう親《おや》でもない、子《こ》どもでもないと思《おも》ったのです。

裁判《さいばん》は、町《まち》の人々《ひとびと》の集《あつ》まっている広場《ひろば》で、司教《しきょう》さまによっておこなわれました。

「フランシスコ、これは、おまえがお父《とう》さんのゆるしをえずに、勝手《かって》に店《みせ》の品物《しなもの》を売《う》ったお金《かね》だろう。正《ただ》しくない方法《ほうほう》でえたお金《かね》なのだから、教会《きょうかい》のために使《つか》ってはいけない。みんな、お父《とう》さんに返《かえ》しなさい。」

司教《しきょう》さまがおっしゃると、フランシスコは、すぐに着《き》ていた服《ふく》をぬぎ、持《も》っていたお金《かね》もぜんぶお父《とう》さんの前《まえ》におくとさけびました。

「お父《とう》さん、勝手《かって》なことをしてごめんなさい。これはみんなお返《かえ》しします。でもこれからは、わたしのお父《とう》さんはあなたではありません。天《てん》にいらっしゃる神《かみ》さまが、わたしのお父《とう》さんです！」

ピエトロだけは、いかりに顔《かお》をまっかにして帰《かえ》ってしまいましたが、司教《しきょう》さまは、ゆっくりと立《た》ちあがるとフランシスコに近《ちか》づき、はだかになった肩《かた》に、やさしく自《じ》分《ぶん》のマントをかけてあげました。

このうわさを、お友《とも》だちから聞《き》いたクララは、神《かみ》さまのためにすべての物《もの》をすててしまったフランシスコを、ほんとうにえらいと思《おも》いました。そして、そんなフランシスコをたすけることができたらと、ひそかに考《かんが》えはじめていました。

父《ちち》の家《いえ》を出《で》たフランシスコは、もういままでのお金持《かねも》ちのむすこではありません。着《き》る物《もの》一まいにしても、人《ひと》からめぐんでもらわなければなりませんでした。でも、フランシスコの心《こころ》の中《なか》は、しあわせでいっぱいでした。

なぜでしょう？　この世《よ》の中《なか》のぜいたくをみんなすててはじめて、フランシスコは、キリストさまと同《おな》じになったからなのです。お生《う》まれになったはじめから、馬《うま》小屋《ごや》の中《なか》にねかされたキリストさまは、なくなるまで、一度《ど》もぜいたくなくらしをなさいませんでした。

美《うつく》しいビロードの服《ふく》に、大《おお》きな赤《あか》いはねかざりのついた、はでなぼうしをかぶり、仲間《なかま》たちと遊《あそ》んで歩《ある》いていたころのフランシスコは、とてもしあわせそうに見《み》えましたが、心《こころ》の中《なか》では、いつも、

——こんなことをしていて、いいのだろうか。何《なに》かもっとたいせつなことがあるのではないだろうか——

と、考《かんが》えていました。まずしい人《ひと》にほどこしをするのも、あまっているお父《とう》さん

のお金《かね》をあげるだけでしたから、べつにフランシスコがえらかったからではないのです。お金《かね》を持《も》っていると、それがなくなったらどうしようという心配《しんぱい》が、いつもあるので、ますますお金《かね》をふやすことばかり考《かんが》え、神《かみ》さまのことなどわすれてしまいがちです。お父《とう》さんにすべての物《もの》を返《かえ》して一文《もん》なしになり、「これからのぼくのお父《とう》さんは、天《てん》の神《かみ》さまです！」とさけんだとき、フランシスコは、はじめてほんとうに、神《かみ》さまの子《こ》どもになれたと感《かん》じたのでした。これからは、考《かんが》えるのは神《かみ》さまのことだけでいいのです。

フランシスコは、さっそく、あの「わたしの教会《きょうかい》を建《た》て直《なお》しなさい」という、神《かみ》さまのお声《こえ》に答《こた》えるために働《はたら》きはじめました。

まず、教会《きょうかい》を直《なお》すために、必要《ひつよう》な石《いし》や石材《せきざい》を集《あつ》めなければなりません。一文《もん》なしのフランシスコは、考《かんが》えたすえ、町《まち》の角《かど》に立《た》っては、とくいの歌《うた》をうたい、

「こわれかかったサン・ダミアノ教会《きょうかい》を建《た》て直《なお》すために、どうぞ一《ひと》つの石《いし》でもいいから寄付《きふ》してください」

と、頭《あたま》をさげてたのみました。

町《まち》の人々《ひとびと》は、そんな物《もの》ごいのようなフランシスコを見《み》ては、指《ゆび》さしてわらうばかりでした。

でも、かれはあきらめません。毎日毎日《まいにちまいにち》、町《まち》を歩《ある》いてうたいつづけました。


ある日曜日《にちようび》のことです。

教会《きょうかい》の近《ちか》くの町角《まちかど》に立《た》って、いつものようにうたっていると、ミサが終《お》わったらしく、ドアがあいて人々《ひとびと》が出《で》てきました。

礼拝用《れいはいよう》に着《き》かざった人《ひと》たちの中《なか》で、ひときわ美《うつく》しい少女《しょうじょ》が、フランシスコの目《め》にとまりました。白《しろ》いレースの長《なが》いドレスの肩《かた》に、ブロンドのまき毛《げ》が、ふさふさとかかっていました。

「なんて美《うつく》しい少女《しょうじょ》だろう。」

フランシスコは、少《すこ》しの間《あいだ》、うたうのをわすれて少女《しょうじょ》をみつめました。これまでのフランシスコだったら、さっそく近《ちか》づいていって、声《こえ》をかけたり、花《はな》たばをささげたりしたかもしれません。でも、いまはまえのようにお金持《かねも》ちでもなく、美《うつく》しくもない、物《もの》ごいのようなすがたなのです。

フランシスコは、急《きゅう》にはずかしくなって、少女《しょうじょ》の目《め》からにげるように歩《ある》き出《だ》しました。

そのとき、うしろで、やさしい声《こえ》がしました。

「あのう……フランシスコさま。」

おどろいてふりむくと、すぐうしろに、あの美《うつく》しい少女《しょうじょ》が立《た》っていました。

「このお金《かね》で、教会《きょうかい》のために必要《ひつよう》な物《もの》をお買《か》いください。」

少女《しょうじょ》は、きれいな布《ぬの》のつつみを、フランシスコのよごれた手《て》に、おしつけるように持《も》たせました。

ずしりと重《おも》い、お金《かね》のつつみでした。

フランシスコは、びっくりして、思《おも》わず少女《しょうじょ》の顔《かお》を見《み》ました。長《なが》いまつげの下《した》で、

すみきった青《あお》いひとみが、少《すこ》しなみだぐんで
フランシスコをみつめていました。

「あなたはどなたですか?」

「クララと申《もう》します。」

「えっ、あなたが、クララさん?

あのオフレドゥツィオ家《け》の?」

「ええ。」

少女《しょうじょ》は、はずかしそうにうなずきました。

フランシスコは、オフレドゥッツィオ家《け》に、クララという美《うつく》しいむすめがいることは、友《ゆう》人《じん》たちから聞《き》いて知《し》っていましたが、顔《かお》を見《み》るのは、これがはじめてでした。

クララは、いつも屋敷《やしき》の中《なか》にいて、外《そと》へ遊《あそ》びに出《で》ることなどなかったからです。

「こんなにたくさんいただいて、ほんとうにたすかります。これで、あのこわれた教会《きょうかい》が、すぐにでも直《なお》せます！」

フランシスコは、うれしくて、思《おも》わず大《おお》きな声《こえ》で言《い》いました。

クララは、やさしくほほえむと、ていねいにおじぎをして、遠《とお》ざかっていきました。

二人《ふたり》のようすを見《み》ていた町《まち》の人《ひと》たちは、心《こころ》を動《うご》かされ、一人《ひとり》、二人《ふたり》とフランシスコに石《いし》や石材《せきざい》を寄付《きふ》するものが出《で》てきました。

材料《ざいりょう》が集《あつ》まると、フランシスコは、自分《じぶん》の手《て》で石《いし》をつみ、こてを使《つか》ってかべをぬり、ついにりっぱに教会《きょうかい》を建《た》て直《なお》してしまいました。

でも、フランシスコは、きれいになった教会《きょうかい》を見《み》ながらも、まだ仕事《しごと》が終《お》わったような気《き》がしませんでした。

——神《かみ》さまが、わたしにお命《めい》じになったのは、この小《ちい》さな教会《きょうかい》のかべやはしらを直《なお》すことだけだったのだろうか……、そうではないような気《き》がするのだが……。――

フランシスコは考《かんが》えました。そして、熱心《ねっしん》にいのっているうちに、神《かみ》さまのおっしゃったほんとうの意味《いみ》がわかるようになったのです。

それは、こういうことでした。

そのころ、カトリック教会《きょうかい》は、たいへんみだれていて、信者《しんじゃ》たちも教会《きょうかい》の教《おし》えをわすれキリストさまから、はなれそうになっていたのです。それを悲《かな》しく思《おも》われた神《かみ》さまが、フランシスコに教会全体《きょうかいぜんたい》を、もとのように正《ただ》しい道《みち》にもどす役目《やくめ》をはたすよう、お命《めい》じになったのでした。フランシスコは、そのために、自分《じぶん》がどうしたらよいのか知《し》ろうと、聖書《せいしょ》をひらいてみました。

「行《い》って、『天国《てんごく》が近《ちか》づいた』と言《い》いなさい。金貨《きんか》も、銀貨《ぎんか》も、銅貨《どうか》も持《も》っていってはいけない。旅行用《りょこうよう》のふくろも、二まいの下着《したぎ》も、くつも、つえも持《も》たずに行《い》きなさい。」（マタイ福音書《ふくいんしょ》10・9、10参照《さんしょう》）

「行《い》って、持《も》っている物《もの》をみな売《う》り、これをまずしい人《ひと》にあげなさい。そうすれば、

天国《てんごく》で宝《たから》をえるでしょう。」（マルコ福音書《ふくいんしょ》10・21）

「もし、わたしのあとにしたがってきたいなら、自分《じぶん》をすて、自分《じぶん》の十字架《じゅうじか》をせおって、したがいなさい。」（マタイ福音書《ふくいんしょ》16・24）

フランシスコは、この聖書《せいしょ》のことばをまもり、すべての持《も》ち物《もの》をすて、人々《ひとびと》に、神《かみ》さまのことをつたえるために、働《はたら》こうと決心《けっしん》したのでした。

すべてをすてて

いっぽう、クララは十三歳《さい》になり、日《ひ》ごとに美《うつく》しさをましていました。すみれの花《はな》のようにおとなしく、ひかえめだったクララは、めったに人《ひと》に会《あ》うことがなかったのですが、その美《うつく》しさ、やさしさは、アシジの町《まち》じゅうに知《し》れわたっていました。

両親《りょうしん》はもちろん、クララを知《し》っているすべての人《ひと》が、いまにきっとすばらしいお金持《かねも》ちのむすこと、しあわせな結婚《けっこん》をするだろうと考《かんが》えていました。アシジの若者《わかもの》たちは、クララの家《いえ》のまわりを歩《ある》きながら、毎晩《まいばん》、ロマンティックなセレナーデをうたい、なんとかして注意《ちゅうい》をひこうと考《かんが》えていました。でも、クララは、まどをあけて顔《かお》を出《だ》したりしたことはありません。そういう若者《わかもの》たちより、キリストさまのことを考《かんが》えるほうが、クララには楽《たの》しかったのです。

そのうち、りっぱなお城《しろ》をもっているいさましい騎士《きし》が、クララに夢中《むちゅう》になり、結婚《けっこん》を申《もう》しこんできました。

みんなは、「あのようなりっぱなお金持《かねも》ちと結婚《けっこん》することは、名誉《めいよ》なことだし、どんなぜいたくな生活《せいかつ》もでき、かならずしあわせになる」と言《い》って、結婚《けっこん》をすすめましたが、クララは、やさしくきっぱりとことわりました。お金持《かねも》ちと結婚《けっこん》することが、そんなにしあわせなことでしょうか。この世《よ》でのぜいたくがいちばんしあわせだとは、クララにはどうしても思《おも》えませんでした。

クララの心《こころ》の中《なか》には、ずっとまえから、一人《ひとり》のたいせつな恋人《こいびと》への愛《あい》が育《そだ》っていたのです。

——わたしは、きっとそのかたの花《はな》よめになるわ——

と、クララは心《こころ》に決《き》めていました。

相手《あいて》の花《はな》むことは、いったいどなたでしょうか。

それは、イエス・キリストさまだったのです。

クララが、心《こころ》の中《なか》でいちばんそんけいしていた人《ひと》は、フランシスコでした。このまえ、教会《きょうかい》を建《た》て直《なお》すために、はずかしさをがまんして町《まち》に立《た》っていたフランシスコと、少《すこ》しの間《あいだ》はなしをしてから、ますますクララは、あのかたのおはなしを聞《き》いて、いろいろ教《おし》えてもらいたいと思《おも》うようになりました。いままでのぜいたくなくらしをすっかりすてて、世《よ》の中《なか》をすくうために、キリストさまとともにくるしみながら、まずしくきよく生《い》きようと決心《けっしん》したフランシスコとまったく同《おな》じ生《い》き方《かた》を、クララはしたいと思《おも》っていたからです。

フランシスコのもとへは、同《おな》じように財産《ざいさん》をすてて集《あつ》まってくる若者《わかもの》がふえはじめ、その数《かず》は十二人《にん》にもなりました。そこで、フランシスコは、この集《あつ》まりを「小《ちい》さき兄弟会《きょうだいかい》」（フランシスコ会《かい》）と名《な》づけ、毎日《まいにち》いっしょに神《かみ》さまの教《おし》えをつたえて歩《ある》きました。

一二一〇年《ねん》、フランシスコと、その「兄弟《きょうだい》たち」は、司教《しきょう》さまにすすめられ、この集《あつ》まりのきまりを正式《せいしき》につくり、教皇《きょうこう》さまからそのゆるしをいただくために、ローマへ行《い》きました。

そのきまりというのは、「完全《かんぜん》な清貧《せいひん》」といって、自分《じぶん》から持《も》ち物《もの》をすてて、キリストさまのまずしさにならう生活《せいかつ》をするということでした。

ローマから帰《かえ》ってきたフランシスコは、司教《しきょう》さまにたのまれて教会《きょうかい》でお説教《せっきょう》をしました。クララは、お母《かあ》さまやお友《とも》だちといっしょに、よろこんでそれを聞《き》きに出《で》かけました。

フランシスコは、「すぐほろびてしまうような、この世《よ》の中《なか》の物《もの》をだいじにすることをやめて、神《かみ》さまを愛《あい》し、まわりの人《ひと》たちを愛《あい》しなさい」と心《こころ》をこめてはなしました。その熱心《ねっしん》さに、聞《き》いていた人《ひと》たちは、みな感激《かんげき》しました。

フランシスコは、もうあのおろかな金持《かねも》ちのむすこでもなく、みすぼらしいすがたはしていましたが、人々《ひとびと》からばかにされたりわらわれたりする、ただの物《もの》ごいでもありませんでした。それどころか、神《かみ》さまへの愛《あい》にあふれ、心《こころ》のきよめられたそのすがたは、かがやくように見《み》えました。

そこにいた人々《ひとびと》の中《なか》でも、とくにクララは心《こころ》を動《うご》かされ、ぜひフランシスコと会《あ》って、自分《じぶん》の信仰《しんこう》についてはなしを聞《き》いてもらいたいと思《おも》いました。そこで、なかよしの友人《ゆうじん》のボーナにたのんで、フランシスコの所《ところ》へつれていってもらいました。

神《かみ》さまのことをはなしながら、町々《まちまち》を歩《ある》いて、つかれはて、みすぼらしい身《み》なりをしたフランシスコの前《まえ》に、アシジ一の美《うつく》しい少女《しょうじょ》クララが、けんそんにひざまずきました。

「わたしは、キリストの花《はな》よめになって、あなたと同《おな》じように、神《かみ》さまにすべてをおささげしたいのです。どうぞわたしを教《おし》え、たすけてくださいませ。」

フランシスコは、このきよらかで美《うつく》しい人《ひと》が、自分《じぶん》と同《おな》じ考《かんが》えを持《も》ってくれたことを知《し》って、心《こころ》からよろこびました。

それから一年《ねん》あまりの間《あいだ》、クララは、フランシスコや、その仲間《なかま》の兄弟《きょうだい》たちを何《なん》度《ど》もたずねては、神《かみ》さまについてはなしあい、いよいよ自分《じぶん》の持《も》ち物《もの》をすべておいて家《いえ》を出《で》て、まずしい生活《せいかつ》にはいる決心《けっしん》をしたのです。

フランシスコやクララは、どうして持《も》っている物《もの》をぜんぶすてようと思《おも》ったのでしょうか。お金持《かねも》ちのままでは、だめなのでしょうか。

みなさんには、自分《じぶん》でいつもたいせつにしている「宝物《たからもの》」があるでしょう。気《き》にいった洋服《ようふく》とか、おもちゃとか、本《ほん》とかいろいろありますね。そしてそれを人《ひと》にとられたり、なくしたりしないように心《こころ》をくばりますね。おとなの人《ひと》たち、とくにお金持《かねも》ちは、お金《かね》や宝《ほう》石《せき》、家《いえ》や家具《かぐ》などたくさんのだいじな物《もの》を、

持《も》っていますから、それをなんとかして守《まも》りたいと思《おも》うし、お金《かね》をたくさん持《も》っている人《ひと》ほど、これをへらしたくない、もっとふやしたいと考《かんが》えるものなのです。

この世《よ》の中《なか》の物《もの》は、それにしがみつけばつくほど、人《ひと》をよくばりにし、何《なに》よりも、お金《かね》や品物《しなもの》がたいせつだと思《おも》いこむようになってしまうのです。失《うしな》いたくない、もっとほしいと思《おも》うばかりに悪《わる》いことをしてみたり、とられるのではないかと、人《ひと》をうたがったりすることさえあります。イエスさまは、そういうことをよくごぞんじでしたから、「わたしについてきたいなら、財産《ざいさん》はまずしい人《ひと》にあげて、何《なに》も持《も》たずにきなさい」と、おっしゃいました。何《なに》も持《も》っていなければ、「物《もの》」について心配《しんぱい》する必要《ひつよう》はなくなり、自分《じぶん》の心《こころ》をすべて神《かみ》さまに向《む》けることができるからです。フランシスコも、クララも、たいへんなお金《かね》持《も》ちでしたが、弟子《でし》たちと同《おな》じように、イエスさまのあとについていきたいと思《おも》い、すべての物《もの》をすててしまったのです。

これは、ふつうの人《ひと》になかなかできることではありません。聖書《せいしょ》の中《なか》にも、あるお金《かね》持《も》ちの青年《せいねん》が、イエスさまに、

「天国《てんごく》にはいるために、何《なに》をしたらよいでしょうか？」

と、たずねたとき、

「持《も》っている物《もの》をみな、まずしい人《ひと》にあたえ、わたしについてきなさい」

と、おっしゃるのを聞《き》いて、自分《じぶん》にはとうていできないと思《おも》い、すごすご帰《かえ》っていったおはなしがのっています。（マルコ福音書《ふくいんしょ》10・17〜22）

みなさんも、自分《じぶん》のこととして考《かんが》えてみると、フランシスコもクララも、どんなにたいへんな決心《けっしん》が必要《ひつよう》だったか、そして、どんなに二人《ふたり》が神《かみ》さまのことをたいせつに思《おも》っていたかがわかるでしょう。たとえ、二人《ふたり》のように、すべてをすてることができなくても、わたしたちもあまり「物《もの》」ばかりをたいせつにして、神《かみ》さまのことをわすれないようにしなければなりませんね。

さて、クララは、フランシスコと同《おな》じような生活《せいかつ》にはいる決心《けっしん》をしましたが、それには、家《いえ》を出《で》ていかなければなりません。自分《じぶん》のむすめを、お金持《かねも》ちの貴族《きぞく》と結《けっ》婚《こん》させることに決《き》めているお父《とう》さまのファバローネが、ゆるすはずはありません。もし、クララが、自分《じぶん》の決心《けっしん》をうちあけたら、家《いえ》じゅうが、どんなにたいへんなさわぎになるかわからないのです。

そこで、もっとももしたしい友《とも》だち二、三人《にん》と、フランシスコだけが知《し》っている、ひそかな計画《けいかく》がたてられました。

一二一二年《ねん》三月《がつ》の「えだの主日《しゅじつ》」というおいわい日《び》に、クララは、何《なに》も知《し》らないお母《かあ》さまや妹《いもうと》たちといっしょに、サン・ルフィーノの教会《きょうかい》のミサに行《い》きました。

その日《ひ》、クララは、いちばん美《うつく》しい服《ふく》を着《き》て、すばらしい宝石《ほうせき》を身《み》につけていました。

ミサの中《なか》で、グイド司教《しきょう》さまから、祝別《しゅくべつ》されたオリーブの小《こ》えだをいただくために、信者《しんじゃ》たちが祭《さい》だんの前《まえ》まで進《すす》んでいきましたが、ひざまずいておいのりをしていたクララは、きょうのミサをさいごに、家族《かぞく》と別《わか》れなければならないと思《おも》うと、むねがいっぱいになり、なみだがとめどなく流《なが》れて、立《た》ちあがることができませんでした。そのようすを見《み》ていた司教《しきょう》さまは、ご自分《じぶん》からクララに近《ちか》づき、オリーブのえだをわたしました。この司教《しきょう》さまは、フランシスコから相談《そうだん》を受《う》け、クララがこれからしようとしていることを、知《し》っておられたのでした。

その夜《よる》おそく、広《ひろ》いお屋敷《やしき》の中《なか》がひっそりとしずまり、家族《かぞく》も、めしつかいたちも、みなねむりにはいったと思《おも》われるころ、うらの戸《と》がすうっとあいて、クララと、なかよしのパチフィカが出《で》てきました。パチフィカは、クララをたすけて、フランシスコの所《ところ》までつれていく約束《やくそく》でした。二人《ふたり》は、しっかりと手《て》をにぎりあって、ねしずまって、人《ひと》っ子《こ》一人通《ひとりとお》らないアシジの町《まち》の中《なか》を走《はし》りました。すみきった夜空《よぞら》にかがやく星《ほし》が、かすかに道《みち》をてらしています。クララが身《み》につけている、宝石《ほうせき》をちりばめた金《きん》のネックレスや、うでわがきらりと月《つき》の光《ひかり》にかがやき、きぬの長《なが》いスカートが風《かぜ》にゆれます。

「あの森《もり》の中《なか》よ！」

向《む》こうに黒《くろ》く見《み》えている森《もり》に向《む》かって、二人《ふたり》はいそぎました。

木《き》のかおりがやさしく二人《ふたり》をつつんだと思《おも》うと、向《む》こうの木《こ》かげに、たいまつのあかりが見《み》えました。フランシスコと兄弟《きょうだい》たちがむかえにきてくれたのです。

たいまつの光《ひかり》にてらされて、木々《きぎ》の間《あいだ》に立《た》っているクララは、まるでおとぎばなしに出《で》てくる森《もり》のようせいのように見《み》えました。

フランシスコは、二人《ふたり》を森《もり》の中《なか》に案内《あんない》しました。そこに小《ちい》さな「天使《てんし》の聖《せい》マリア教会《きょうかい》」があるのです。みすぼらしい教会《きょうかい》の祭《さい》だんには、マリアさまのご像《ぞう》の前《まえ》に、すみれの花《はな》がかざってありました。フランシスコが、クララを歓迎《かんげい》するために、つんできたのでしょう。

しばらくおいのりしたのち、クララは、フランシスコの前《まえ》に、その美《うつく》しく長《なが》いブロンドのかみの毛《け》をさし出《だ》しました。はさみを持《も》つフランシスコの手《て》は、かすかにふるえているようでした。

つぎに、クララは、着《き》てきた美《うつく》しい服《ふく》をぬぎ、ごつごつとした毛《け》でできたみすぼらしい服《ふく》に着《き》がえ、宝石《ほうせき》をちりばめたおびのかわりに、きたないなわを結《むす》びました。そして、きれいなししゅうのしてある、やわらかなくつのかわりに、はだしに木《き》のサンダルをはいたのです。

アシジ一の貴族《きぞく》のむすめは、こうして一晩《ひとばん》のうちに、まずしい修道女《しゅうどうじょ》にかわってしまったのでした。

身《み》につけていた高価《こうか》な服《ふく》や宝石《ほうせき》などは、こののち、すべて売《う》られて、そのお金《かね》はまずしい人《ひと》たちにわけられたのです。

その夜《よる》のうちに、フランシスコと兄弟《きょうだい》たちは、クララをベネディクト会修道女《かいしゅうどうじょ》たちのいる、サン・パウロ修道院《しゅうどういん》へ案内《あんない》するため、森《もり》を出《で》ました。クララが家《いえ》を出《で》たことを知《し》ったら、家族《かぞく》の人《ひと》たちは、すぐにつれもどしにくるにきまっています。どこかにかくさなければなりません。フランシスコは、そのために、ベネディクト会《かい》の修道女《しゅうどうじょ》たちに、クララをあずかってほしいとたのんであったのでした。

その修道院《しゅうどういん》までは、四キロありました。生《う》まれてはじめて、はだしででこぼこの道《みち》を歩《ある》きました。あついじゅうたんの敷《し》いてあるへやの中《なか》ばかり歩《ある》いていたやわらかい足《あし》には、どれほどつらい道《みち》のりだったでしょう。

でも、クララの頭《あたま》の中《なか》には、重《おも》い十字架《じゅうじか》をせおい、血《ち》のあせを流《なが》しながら、石《いし》ころの道《みち》をはだしでゴルゴタのおかまでのぼられた、キリストさまのお姿《すがた》がありました。そのキリストさまの花《はな》よめとなって、同《おな》じようにくるしい道《みち》を行《い》こうと決心《けっしん》したクララは、もう弱々《よわよわ》しいおひめさまではありませんでした。

くるしみは、心《こころ》の中《なか》で、よろこびにさえかわっていきました。

ベネディクト会《かい》のシスターたちは、やってきたクララを見《み》ておどろきました。このシスターたちも、自分《じぶん》の家族《かぞく》と別《わか》れて修道院《しゅうどういん》にくらしているのですが、さっぱりした服《ふく》を着《き》て、気持《きも》ちのよいへやにねて、ふつうに生活《せいかつ》していましたから、クララやフランシスコのように、何《なに》もかもすてて、みすぼらしい服《ふく》一まいしか持《も》たない生《せい》活《かつ》は、ちょっと考《かんが》えられなかったからです。

クララは、フランシスコたちと、おくってきてくれたパチフィカに別《わか》れをつげ、
この修道院《しゅうどういん》に一人残《ひとりのこ》りました。

「むすめたちを取《と》り返《かえ》せ！」

翌日《よくじつ》、クララの家《いえ》では、大《おお》さわぎがおこっていました。めしつかいが、

「クララおじょうさまが、いらっしゃいません！　ベッドにおやすみになったようすもありません！」

と、知《し》らせたからです。

「クララは、夜《よ》にげをしたにちがいない、あのフランシスコというベルナルドーネのばかむすこがそそのかしたんだ！」

父《ちち》ファバローネのいかりは、たいへんなものでした。オフレドゥツィオ家《け》の名誉《めいよ》を守《まも》るためにも、むすめをさがし出《だ》さねばなりません。

かれは、すぐに大《おお》ぜいの兵士《へいし》たちを使《つか》って、クララのいる所《ところ》をさがしはじめました。

パチフィカは心配《しんぱい》でしたが、教会《きょうかい》の中《なか》にひなんしたものをつかまえると、ばっせられるというきまりがあることを知《し》っていましたから、兵士《へいし》たちが、たとえクララをみつけても、つれ帰《かえ》ったりできないだろうと安心《あんしん》していました。

ところが、兵士《へいし》たちは、そんなきまりなど、少《すこ》しも守《まも》るつもりがありません。クララが、パウロ修道院《しゅうどういん》にいるのをつきとめると、シスターたちのとめるのも聞《き》かずに、ずかずかと教会《きょうかい》の中《なか》にはいってきました。

兵士《へいし》たちを指揮《しき》していたおじのモナルドは、クララが帰《かえ》るつもりのないことを知《し》ると、おこって、兵士《へいし》にクララをとらえさせようとしました。クララは、すばやく祭《さい》だんにしがみつき、さっと頭《あたま》にかぶっていた黒《くろ》いベールを取《と》りました。長《なが》く美《うつく》しかったブロンドのかみの毛《け》は、男《おとこ》のようにざくざくとみじかく切《き》られていたのです。

おじのモナルドも、兵士《へいし》たちも、ショックを受《う》けてぼうだちになりました。

クララの決心《けっしん》がどれほど強《つよ》いものかを、そのかみの毛《け》ははっきり語《かた》っていたからです。

――クララは、気《き》がへんになってしまったのだ――

おじは、どんなにしてもクララをつれ帰《かえ》ることはできないとあきらめ、すごすごとアシジの町《まち》へ帰《かえ》っていきました。

フランシスコは、このはなしを聞《き》くと、心配《しんぱい》でたまりません。このまま同《おな》じ所《ところ》にいたら、また、何《なに》がおこるかわからないと思《おも》ったフランシスコは、ずっとはなれた山《やま》の中《なか》にある、サンタ・アンジェロ・デイ・パンゾ修道院《しゅうどういん》という所《ところ》へ、クララをうつすことにきめました。

四月《がつ》の晴《は》れた日《ひ》の朝《あさ》、クララは、また、フランシスコとその弟子《でし》のベルナルドにつれられて出発《しゅっぱつ》しました。

森《もり》の中《なか》では、こまどりがさえずり、道《みち》には、すみれや野《の》の草花《くさばな》がさき、こころよい春風《はるかぜ》がほほをなでていきます。神《かみ》さまのおつくりになった自然《しぜん》を、心《こころ》から愛《あい》するフランシスコは、それらの一《ひと》つ一《ひと》つについて、神《かみ》さまをほめたたえました。太陽《たいよう》や月《つき》、花《はな》や鳥《とり》、動物《どうぶつ》たちの中《なか》に、フランシスコは、神《かみ》さまの愛《あい》をみつけました。そして、それらをみな「わたしの兄弟《きょうだい》」とよんで、いつくしみました。

あるときは、小鳥《ことり》にお説教《せっきょう》をしたというおはなしがつたわっています。

「わたしの兄弟《きょうだい》の小鳥《ことり》たちよ、あなたたちをつくってくださった神《かみ》さまに感謝《かんしゃ》しなさい。神《かみ》さまは、自由《じゆう》に空《そら》をとべるようにはねをくださり、楽《たの》しい歌《うた》をうたえるように、美《うつく》しい声《こえ》をくださったのですから」

と、フランシスコがはなしますと、首《くび》をかしげて聞《き》いていた小鳥《ことり》たちは、いっせいにさえずり、はばたきをしたということです。

また、ある地方《ちほう》で、たいへんわるいおおかみが町《まち》へ出《で》て、家畜《かちく》や人《ひと》をおそうと聞《き》いて、フランシスコは森《もり》へ出《で》かけていき、おおかみをみつけると、十字《じゅうじ》を切《き》り、やさしくよびかけました。

「さあ、わたしの兄弟《きょうだい》よ、神《かみ》さまのみ名《な》によって、おまえに命《めい》じる。もうだれにもらんぼうしてはいけないよ。」

するとⅠ、いままでうなり声《こえ》をあげていたおおかみは、急《きゅう》に犬《いぬ》のように鼻《はな》をならして、フランシスコのそばにねころんでしまいました。

それからのち、そのおおかみは、町《まち》へ出《で》ても、けっしてらんぼうしなくなり、まるで犬《いぬ》のように、人々《ひとびと》にかわいがられたということです。

クララは、そんなフランシスコを、だれよりもそんけいしていましたから、道々《みちみち》、かれのおはなしを聞《き》いていると、足《あし》のいたみも、体《からだ》のつかれも感《かん》じることなく、ぶじに新《あたら》しい修道院《しゅうどういん》に着《つ》くことかできました。


さて、クララのいなくなったオフレドゥツィオ家《け》は、とてもさびしくなりましたが、それからしばらくしたある夜《よる》、すぐ下《した》の妹《いもうと》のアグネスまで、家《いえ》を出《で》てしまったのです。

クララを心《こころ》から愛《あい》し、そんけいしていたアグネスは、どうしても姉《あね》と同《おな》じ生活《せいかつ》にはいりたかったのです。クララのことを知《し》っているパチフィカから、そっと新《あたら》しい修道院《しゅうどういん》の場所《ばしょ》を聞《き》き出《だ》すと、一人《ひとり》で山《やま》をのぼっていったのです。けわしい遠《とお》い道《みち》をやってきたアグネスを見《み》て、おどろくと思《おも》ったクララは、まるでまえからそれがわかっていたかのように、ほほえんで妹《いもうと》をむかえました。

二人《ふたり》でいっしょにくらせることは、うれしく、心強《こころづよ》いことでした。

でも、残《のこ》された両親《りょうしん》のおどろきは、たいへんなものでした。クララのことはやっとあきらめましたが、アグネスまでゆるすわけにはいきません。まだ、たった十五歳《さい》なのです。

ことに、父《ちち》のファバローネは、いかりのあまり、弟《おとうと》のモナルドに、こんどはどんなことをしても、むすめを取《と》りもどしてこいと命令《めいれい》しました。

モナルドは、武器《ぶき》をもった十二人《にん》の兵隊《へいたい》をしたがえて、修道院《しゅうどういん》へおしかけました。武器《ぶき》をつきつけられては、シスターたちもどうすることもできません。しかたなく、門《もん》をあけたので、男《おとこ》たちは、ずかずかと修道院《しゅうどういん》の中《なか》まではいってきて、アグネ

スのうでをつかみました。

アグネスは、クララにしがみつき、

「お姉《ねえ》さま、たすけてちょうだい！　わたしは、お姉《ねえ》さまとはなれることはできません。いっしょに、イエスさまにおつかえするのです！」

と、さけびました。

男《おとこ》たちは、かまわずにアグネスをなぐりつけたり、けとばしたりしながら、かみの毛《け》をひっぱって、外《そと》へ引《ひ》きずり出《だ》そうとしました。

クララは、ひっしに神《かみ》さまにおいのりをしました。

「もし、アグネスがここにいることをおのぞみなら、どうぞ、あの子《こ》がつれていかれないようにおたすけくださいませ！」

けがをして、もうあばれる力《ちから》もなくなったように見《み》えるアグネスを、男《おとこ》たちが外《そと》へはこび出《だ》そうとしたとき、とつぜん、その細《ほそ》い体《からだ》は、大《おお》きな石《いし》のように重《おも》くなり、男《おとこ》たちがいくら動《うご》かそうとしても、びくともしなくなりました。

「おい、何《なに》をしている。早《はや》くつれ出《だ》せ！」

モナルドがどなりました。

「それが、急《きゅう》に重《おも》くなって、どうしても動《うご》かないのです！」

「なんだって？　こんな小《こ》むすめにばかにされてたまるか！」

おこったモナルドが、アグネスの頭《あたま》をなぐりつけると、とたんにびりびりとうでがしびれて、動《うご》かすことができなくなってしまいました。

神《かみ》さまが、たすけてくださったのです。

クララは、アグネスに走《はし》りよってだきしめました。

モナルドは、十五歳《さい》の少女《しょうじょ》に負《ま》けたくやしさと、うでのいたみに、口《くち》もきけないほどでした。

思《おも》いきり、二人《ふたり》の姉妹《しまい》をにらみつけると、うしろも見《み》ずに、アシジへ帰《かえ》っていってしまいました。

そのあと、クララとアグネスは、ほかのシスターたちとともに神《かみ》さまに心《こころ》から感《かん》謝《しゃ》のおいのりをささげました。

このうわさは、アシジじゅうにひろまりました。

フランシスコもよろこんでかけつけ、アグネスにも、クララと同《おな》じような服《ふく》を着《き》て、修道院《しゅうどういん》で生活《せいかつ》することをゆるしたのでした。

2

ぼろをまとった天使《てんし》

院長《いんちょう》さま

クララとアグネス二人《ふたり》のための修道院《しゅうどういん》として、フランシスコは、まえに自分《じぶん》で建《た》て直《なお》したサン・ダミアノ教会《きょうかい》を使《つか》うことに決《き》めました。
それは、オリーブの林《はやし》の中《なか》にあり、目《め》の前《まえ》の広《ひろ》い野原《のはら》には、花《はな》がさきみだれていました。
神《かみ》さまとともにくらすには理想的《りそうてき》な静《しず》かな住《す》まいでした。ここで、クララとアグネスは、いのりながら働《はたら》き、キリストさまと同《おな》じように、まずしさとくるしみの中《なか》に生《い》きようとしているのです。
何《なに》もかも持《も》っていらっしゃる神《かみ》の子《こ》、キリストさまが、まずしい人間《にんげん》におなりになったのは、まったく人間《にんげん》への愛《あい》のためです。そして、くるしみを受《う》けられたのは、人間《にんげん》の罪《つみ》を、ご自分《じぶん》がかぶって、かわりに死刑《しけい》になってくださるためでした。キリストさまは、ご自分《じぶん》のためには何《なに》もなさらず、すべて人間《にんげん》への愛《あい》のためになさいました。人間《にんげん》を神《かみ》さまのもとへ引《ひ》きよせるためでした。

フランシスコとクララが、そのキリストさまと同《おな》じように、すべてをすてて、くるしい道《みち》をえらんだのは、自分《じぶん》が聖人《せいじん》になるようにつとめるだけではなく、キリストさまが人間《にんげん》への愛《あい》のためにつらいことをなさったように、フランシスコとクラも、まわりの人《ひと》たちにつかえるために、自分《じぶん》たちの生活《せいかつ》のすべてをささげたいと思《おも》ったのです。

サン・ダミアノ修道院《しゅうどういん》には、クララをしたって、同《おな》じようにすべての名誉《めいよ》や財産《ざいさん》をすてて、アシジの町《まち》から何人《なんにん》もの若《わか》いむすめや、貴婦人《きふじん》がやってくるようになりました。

妹《いもうと》アグネスにつづいてやってきたのは、クララがさいしょに家《いえ》を出《で》たとき、ずっとつきそっていたパチフィカでした。美《うつく》しい貴族《きぞく》のむすめでしたが、ふつうの結婚《けっこん》をことわって、神《かみ》さまの花《はな》よめになるほうをえらんだのです。

いつのまにか、「まずしいクララ会《かい》」とよばれるようになったこの修道院《しゅうどういん》にはいる、たった一《ひと》つのきまりは、「自分《じぶん》の持《も》っている財産《ざいさん》を、すべてまずしい人《ひと》にわけあたえてくる」ということでした。ここでは、自分《じぶん》たちで畑《はたけ》をたがやして、野菜《やさい》をつくり、ときには、町《まち》へほどこしを受《う》けにいって、少《すこ》しのパンをもらってきました。まずしい生活《せいかつ》でしたが、若《わか》いむすめたちは、明《あか》るく、しあわせそうでした。住《す》まいを、すみずみまではききよめ、祭《さい》だんを、野《の》の花《はな》でかざり、一日《にち》の大部分《だいぶぶん》をおいのりですごしました。

フランシスコも、ときどき、兄弟《きょうだい》たちといっしょにたずねてきて、神《かみ》さまについてはなしていきましたが、この修道院《しゅうどういん》にも、指導者《しどうしゃ》となる院長《いんちょう》さまが必要《ひつよう》だと考《かんが》えました。

その役《やく》にふさわしい人《ひと》は、クララのほかにはありません。

クララは、そのころまだ二十二歳《さい》。まずしいくらしのためにふっくらと美《うつく》しかった顔《かお》は、少《すこ》し青《あお》ざめ、やせていましたが、みすぼらしい服《ふく》を着《き》て、はだしで歩《ある》いていても、その天使《てんし》のようなほほえみ、しとやかな身《み》のこなしは、少《すこ》しも失《うしな》われていませんでした。だれもが、クララをそんけいし、愛《あい》していましたから、院長《いんちょう》になることに反対《はんたい》する人《ひと》はいません。でも、クララは、

「わたしは、人《ひと》に命令《めいれい》したり、教《おし》えたりすることはできません。わたしは、人《ひと》からかくれるようにして、そっと生活《せいかつ》したいのです」

と、言《い》ってなかなか承知《しょうち》しませんでした。

フランシスコは、そんなクララに、

「院長《いんちょう》は、地位《ちい》によってではなく、そのよいおこないによって、人々《ひとびと》よりすぐれたものにならなければなりません。院長《いんちょう》は、くるしんでいる姉妹《しまい》たちをなぐさめ、愛《あい》して、かえって、自分《じぶん》が姉妹《しまい》たちのために働《はたら》くようにしなければならないのです」

と、さとしました。

クララは、それなら、自分《じぶん》が院長《いんちょう》になって、姉妹《しまい》たちのためにつくしましょうと

考《かんが》えて、その役《やく》をひきうけました。そのことばどおり、そのときからクララは、若《わか》いシスターたちの、やさしいお母《かあ》さんになりました。

寒《さむ》い夜《よる》などは、ちぢこまってねているシスターに、自分《じぶん》の毛布《もうふ》をかけてあげたり、外出《がいしゅつ》して帰《かえ》ってきたシスターのよごれた足《あし》も、自分《じぶん》であらってあげました。悲《かな》しんだり、くるしんだりしている人《ひと》を見《み》ると、そっと自分《じぶん》のそばによんで、はなしを聞《き》いてあげ、いっしょになみだを流《なが》してなぐさめてあげるのでした。

院長《いんちょう》だからといって、いやな仕事《しごと》を人《ひと》にやらせたりすることは、けっしてしません。食事《しょくじ》の用意《ようい》でも、せんたく、おそうじでも、ほかの若《わか》いシスターと同《おな》じようにして、よいお手本《てほん》になっていました。

この修道院《しゅうどういん》には、財産《ざいさん》といえるものは何《なに》もなく、食《た》べ物《もの》も人《ひと》から寄付《きふ》してもらったわずかなパンと、自分《じぶん》たちの畑《はたけ》からとれた野菜《やさい》が、少《すこ》しあるだけでした。ときには、ぼろぼろのくずパンしかない日《ひ》もありました。

でも、クララは、けっして心配《しんぱい》しませんでした。空《そら》の鳥《とり》に食《た》べ物《もの》をあたえ、野《の》ゆりを、あんなに美《うつく》しくかざってくださる神《かみ》さまが、きっと、必要《ひつよう》な着《き》る物《もの》や食《た》べ物《もの》をあたえてくださると信《しん》じていたからです。

ある日《ひ》、こんなことがありました。

食事《しょくじ》の時間《じかん》がきて、みんなにパンをくばろうとした係《かか》りのシスター・セシリアは、戸《と》だなの中《なか》を見《み》て、はっとしました。

たった一《ひと》つのパンしかないのです。

シスターたちは、大《おお》ぜいですし、おまけに、きのうから何《なに》も食《た》べていません。

セシリアは、その一《ひと》つのパンを持《も》って、クララのところへ走《はし》っていきました。

「どうしましょう。院長《いんちょう》さま。パンがこれしかありません！」

泣《な》きそうなシスターの顔《かお》を見《み》ると、クララは、にっこりして言《い》いました。

「このパンを二《ふた》つにわけて、一《ひと》つは、修道院《しゅうどういん》の用《よう》をしてくださるブラザーたちにあげなさい。そして、一《ひと》つは、シスターたちでわけなさい。」

シスター・セシリアは、びっくりして言《い》いました。

「院長《いんちょう》さま、シスターは五十人《にん》もいるのですよ。奇跡《きせき》でもおこしていただかなくては、このパンの半分《はんぶん》を、五十人《にん》にわけることはできません。」

クララは、やさしく言《い》いました。

「いいですから、心配《しんぱい》しないでいらっしゃい。私《わたくし》の言《い》ったようにしてごらんなさい。」

セシリアは、首《くび》をかしげながら出《で》ていきました。

クララは、すぐにおみどうにはいり、シスターたちをたすけてくださるよう、心《こころ》をこめておいのりをはじめました。その心《こころ》は、神《かみ》さまにたいする信頼《しんらい》と愛《あい》で、いっぱいにあふれていました。

とつぜん、シスター・セシリアの持《も》っていたパンが、ふくれ出《だ》しました。それは、大《おお》きな大《おお》きなパンになり、五十人《にん》のシスターたちに、いつもより多《おお》くくばることができました。

おいのりをすませて、おみどうから出《で》てきたクララの所《ところ》へ、セシリアが、

「奇跡《きせき》！　奇跡《きせき》！　院長《いんちょう》さまが奇跡《きせき》をなさったのですね！」

と、言《い》って、とんできました。

「静《しず》かになさい。これは、わたしがしたのではありません。イエスさまが、まずしいわたしたちをたすけてくださったのですよ。」

クララは、静《しず》かに言《い》いました。

また、こんなこともありました。

ある日《ひ》、修道院《しゅうどういん》に油《あぶら》がなくなってしまいました。そこでクララは、いつもシスターたちのために、町《まち》へほどこしを受《う》けにいってくれるフランシスコの兄弟《きょうだい》の一人《ひとり》、ベンテヴェンガに、少《すこ》しの油《あぶら》をもらってきてくれるよう、たのみました。

「じゃ、入《い》れ物《もの》を、このへいの上《うえ》においといてください。あとでよって、持《も》っていきますから。」

クララは、言《い》われたとおり、小《ちい》さなからの入《い》れ物《もの》をおいておきました。

しばらくして、通《とお》りかかったベンテヴェンガが、入《い》れ物《もの》を持《も》っていこうとすると、その中《なか》には、もう油《あぶら》がいっぱいはいっていました。

だれも修道院《しゅうどういん》へ近《ちか》づいたものはなく、その入《い》れ物《もの》がからであったことは、何人《なんにん》かのシスターもたしかに見《み》ていたのでした。

だれかが、油《あぶら》をいれてくれたのです。

だれでしょうか……。

クララは、知《し》っていました。

「おみどうのあかりと、シスターたちの食事《しょくじ》に使《つか》う油《あぶら》をあたえてください」

と、神《かみ》さまにおねがいしたのは、クララだったのですから。


院長《いんちょう》でありながら、クララは、いつもシスターたちのために、つかえるようつとめていました。とくに病気《びょうき》になったシスターのためには、ねむらないでそばにつきそい、世話《せわ》が、いやなことであればあるだけ、愛《あい》とよろこびをもってしていました。

「病人《びょうにん》にたいしては、そのようなしんせつな看護《かんご》を、自分《じぶん》も受《う》けたいと思《おも》うようなたいどで、世話《せわ》をしなさい」

と、いつも言《い》っていました。

でも、自分《じぶん》にたいしては、おどろくほどきびしかったのです。

修道院《しゅうどういん》には、やわらかなベッドはなく、シスターたちは、みんな、わらとぶどうの枝《えだ》をつみかさねてこしらえた、かたいねどこにねて、まくらには、川《かわ》から拾《ひろ》ってきた石《いし》を使《つか》っていましたが、クララは、その上《うえ》、いつももめんの修道服《しゅうどうふく》の下《した》に、馬《うま》やぶたの毛《け》でつくった服《ふく》を着《き》ていました。それは、ふつうの布《ぬの》や、やわらかい毛皮《けがわ》とちがって、ちくちくとしたかたい毛《け》が出《で》ている物《もの》でしたから、じかに体《からだ》につけていると、体《からだ》じゅうきずだらけになり、ふつうの人《ひと》でしたら、少《すこ》しの間《あいだ》もがまんできないほど、いたいものでした。でも、クララは、くるしさを少《すこ》しも顔《かお》に出《だ》さなかったので、だれもこれほどつらいことをがまんしているとは、知《し》りませんでした。クララは、なぜ、わざわざこんなことをして、自分《じぶん》の体《からだ》をくるしめたのでしょうか。

これも、イエスさまへの愛《あい》のためなのです。

イエス・キリストさまは、神《かみ》さまですから、天国《てんごく》にいらっしゃって、完全《かんぜん》な幸福《こうふく》にみたされていらっしゃるかたですね。つみもないのですから、少《すこ》しもくるしんだりなさる必要《ひつよう》はないのです。それなのに、自分勝手《じぶんかって》につみをおかして、天国《てんごく》へ行けなくなってしまった人間《にんげん》たちを、かわいそうだと思《おも》われて、わざわざ人間《にんげん》になって、地上《ちじょう》にいらっしゃり、お生《う》まれになった瞬間《しゅんかん》からなくなるまで、まずしさの中《なか》に生《い》き、もっともつらい十字架《じゅうじか》の刑《けい》を受《う》けて、人間《にんげん》のかわりに、つみのつぐないをしてくださったのです。

人間《にんげん》なんてどうなってもかまわないとお思《おも》いになれば、こんなくるしいことをなさる必要《ひつよう》はまったくなかったのです。ほうっておいて、ご自分《じぶん》は、天国《てんごく》のしあわせだけを味《あじ》わっていらっしゃってもかまわなかったのです。でも、イエスさまは、愛《あい》でいっぱいのかたですから、そういうことがおできになりませんでした。人間《にんげん》をすくうために、どんなくるしいことでもがまんしてあげようと、お思《おも》いになったのです。

そのおかげで、わたしたちは、自分《じぶん》から神《かみ》さまをすてないかぎり、天国《てんごく》へ行《い》ける希望《きぼう》があたえられました。

このキリストさまのご生活《せいかつ》にならって、そのくるしみを少《すこ》しでも知《し》り、わたしたちのために、になってくださった十字架《じゅうじか》を、いっしょににないたいとクララは思《おも》ったのです。

幸福《こうふく》な、何不自由《なにふじゆう》ない生活《せいかつ》をすてて、まずしいくらしをえらんだのも、キリストさまにならってのことでした。クララの心《こころ》は、イエスさまへの愛《あい》でいっぱいだったのですね。

では、わたしたちはどうすればいいのでしょう。馬《うま》の毛《け》の下着《したぎ》をつけなければ、イエスさまへの愛《あい》をあらわすことができないのでしょうか。そんなことはありません。

みな、それぞれ、自分《じぶん》にできることをすればいいのです。毎日《まいにち》の生活《せいかつ》の中《なか》にも、いろいろといやなことがありますね。たとえば、病気《びょうき》になって、いたい注射《ちゅうしゃ》をされたり、けがをしたり、また、お友《とも》だちに悪口《わるぐち》を言《い》われたり……。

そんなとき、いやだ、いやだともんくを言《い》うかわりに、イエスさまも、あんなくるしい思《おも》いをなさったのだから、このくらいのことはがまんしましょうと考《かんが》えれば、それはりっぱに、くるしみをおささげしたことになるのです。

また、のどがかわいたとき、少《すこ》し水《みず》を飲《の》むのを、がまんするとか、早《はや》くマンガを読《よ》みたいのをがまんして、勉強《べんきょう》を先《さき》にするとかいう、小《ちい》さなぎせいでも、イエスさまの十字架《じゅうじか》を、いっしょにになうことになるのです。

クララは、自分《じぶん》はずいぶんきびしい苦行《くぎょう》をしていましたが、ほかのシスターたちには、むりをしないようにと、注意《ちゅうい》をしていました。とくに、病気《びょうき》のシスターには、やわらかいベッドにねて、食《た》べ物《もの》も、じゅうぶん食《た》べるようにと言《い》っていました。

もう一《ひと》つ、このクララ会《かい》で、きびしく守《まも》られていたのは、「沈黙《ちんもく》」でした。病室《びょうしつ》では、病人《びょうにん》をなぐさめるために、おはなしすることがゆるされていましたが、あとは、おしゃべりをするということがありませんでした。

お仕事《しごと》は、たくさんありましたが、みんな、だまってするのです。

いまの世《よ》の中《なか》は、外《そと》でも、家《いえ》の中《なか》でも、たえず何《なに》かが聞《き》こえていて、山《やま》の中《なか》へでも行《い》かないかぎり、しーんとしているということがありませんね。人《ひと》がだまっているときでも、テレビは、大《おお》きな声《こえ》でしゃべっていますし、車《くるま》の騒音《そうおん》は、夜中《よなか》でも聞《き》こえています。

こんなうるさい中《なか》で、みなさんは、神《かみ》さまのことをゆっくり考《かんが》えることができますか？

自分《じぶん》を反省《はんせい》したり、生《い》き方《かた》を考《かんが》えたり、そういう大《おお》きなことを考《かんが》えるには、どうしても静《しず》かでなければなりません。

神《かみ》さまは、人《ひと》の心《こころ》にそっと、ささやきかけるのだそうです。けっして大声《おおごえ》でどなったりなさいません。ですから、静《しず》かにしていないと、聞《き》こえないのです。

クララは、それを知《し》っていましたから、いつも沈黙《ちんもく》を守《まも》って、神《かみ》さまと心《こころ》の中《なか》でおはなしをしていました。

わたしたちも、たまには、ラジオやテレビをとめ、沈黙《ちんもく》を守《まも》って、神《かみ》さまとおはなしするひとときをもつようにしましょう。

神《かみ》さまとおはなしするのは、すばらしいことです。

クララも、おいのりを終《お》わって出《で》てきたときは、顔《かお》が太陽《たいよう》のように美《うつく》しくかがやき、よろこびにあふれていたそうです。

愛《あい》の語《かた》らい

クララが、信仰《しんこう》のよろこびを語《かた》りあういちばんの相手《あいて》は、フランシスコでした。サン・ダミアノのシスターたちも、心《こころ》からフランシスコをそんけいし、したっていましたから、ぜひ、たびたび来《き》て、おはなしをしてくださいと熱心《ねっしん》にたのみました。

フランシスコは、クララたちが、あまりに人間《にんげん》である自分《じぶん》に心《こころ》を向《む》けすぎるのではないかと思《おも》い、そうたびたび修道院《しゅうどういん》に顔《かお》を見せないようにしていました。でも、クララは、フランシスコに、一度《ど》お食事《しょくじ》をいっしょにしていただきたいと、おねがいしていました。

それを知《し》った兄弟《きょうだい》たちは、

「クララさんには、そのくらいのなぐさめを、あたえるべきでしょう。これをおことわりになるのは、きびしすぎて、かえって愛《あい》に反《はん》することです」

と、言《い》って、熱心《ねっしん》にすすめましたので、フランシスコは、やっと承知《しょうち》しました。

食事《しょくじ》の場所《ばしょ》には、「天使《てんし》の聖《せい》マリア教会《きょうかい》」がえらばれました。森《もり》の中《なか》のこの教会《きょうかい》は、家《いえ》をぬけ出《だ》してきたクララが、あの美《うつく》しいブロンドのかみの毛《け》を切《き》り落《お》とし、キリストさまの花《はな》よめになることをちかった所《ところ》でした。

フランシスコも、クララも、それぞれ一人《ひとり》ずつ兄弟《きょうだい》と姉妹《しまい》をつれて、やってきました。

まずしい生活《せいかつ》のため、二人《ふたり》ともやせ細《ほそ》り、顔《かお》も青《あお》ざめていましたが、心《こころ》は、あのときの感激《かんげき》を思《おも》い出《だ》して、熱《あつ》くもえていました。

フランシスコは、そのころの修道院《しゅうどういん》の習慣《しゅうかん》にならって、ゆかの上《うえ》にじかに食器《しょっき》をならべ、二人《ふたり》の食事《しょくじ》がはじまりましたが、パンをわけたりしながらも、フランシスコは、神《かみ》さまの愛《あい》について語《かた》り、そのひとことひとことは、神《かみ》さまの力《ちから》にあふれ、聞《き》く人《ひと》の心《こころ》をはげしく打《う》ちました。

クララも、ほかの二人《ふたり》も、フランシスコのことばにうっとりとなり、食事《しょくじ》などすっかりわすれて、聞《き》きほれてしまいました。

ふしぎなことに、ちょうどそのとき、アシジの町《まち》の人々《ひとびと》は、「天使《てんし》の聖《せい》マリア教会《きょうかい》」と、その森《もり》が、とつぜんもえあがるのを見ました。

「山火事《やまかじ》だ！」

人々《ひとびと》は、大《おお》あわてで森《もり》へかけつけましたが、そこには、火《ひ》は見《み》えず、フランシスコとクララが、神《かみ》さまの愛《あい》についてはなし、いのっているすがたがあるだけでした。

人々《ひとびと》は、二人《ふたり》の神《かみ》さまへの信仰《しんこう》と愛《あい》が、火《ひ》となってもえあがり、神《かみ》さまが、奇跡《きせき》をおこして、それにお答《こた》えになったのではないかと思《おも》い、二人《ふたり》の愛《あい》の会見《かいけん》をじゃましないように、そっと引《ひ》きあげていきました。

それ以後《いご》、フランシスコは、自分《じぶん》のかわりに忠実《ちゅうじつ》な弟子《でし》のフィリッポと、パチフィコに修道院《しゅうどういん》の世話《せわ》をたのみ、自分《じぶん》では、あまりサン・ダミアノをたずねないほうがいいと思《おも》うようになりました。なぜなら、世《よ》の中《なか》の人々《ひとびと》は、このようにきよらかな二人《ふたり》のつきあいも、まるで恋人《こいびと》どうしのように考《かんが》えて、つまらないうわさをすることがあったからです。

でも、フランシスコの教《おし》えを受《う》けることを、心《こころ》からよろこんでいたクララは、承知《しょうち》しそうもありません。そこで、これからのことを、よくはなしあうために、ある日《ひ》、フランシスコは、クララを修道院《しゅうどういん》の外《そと》へつれ出《だ》しました。

もう冬《ふゆ》で、あたりは一面《めん》まっ白《しろ》な雪《ゆき》におおわれ、そのあいだを、ゆっくりと川《かわ》が流《なが》れていきます。二人《ふたり》はだまって、そんな景色《けしき》をながめながら、坂《さか》をのぼっていきました。

ふいに、フランシスコが立《た》ちどまり、クララをふりかえりました。

「わたしたちは、修道院《しゅうどういん》にはいってはいても、男《おとこ》と女《おんな》です。こうしてたびたび二人《ふたり》で会うことは、世間《せけん》の誤解《ごかい》をまねきます。悪《わる》いうわさがたつと、修道院《しゅうどういん》のためにもよくないでしょう。クララ、わたしたちはお別《わか》れして、べつべつに、神《かみ》さまのために働《はたら》いたほうがいいと思《おも》うのですが。」

クララは、はっとして、フランシスコを見《み》ました。

「あなたのおみちびきがなくなったら、わたしはどうしたらよいのでしょう。お別《わか》れするなんて、わたしにはできません。」

「わたしがいなくても、神《かみ》さまが、きっとたすけてくださいますよ。」

フランシスコは、やさしくクララの肩《かた》に手《て》をおきました。

「それでは、もうお会《あ》いできないのでしょうか。」

クララの悲《かな》しそうなひとみが、なみだをためて、フランシスコを見《み》あげました。

「この雪《ゆき》におおわれているいばらに、いま、花《はな》がさいたら……もし、そんなふしぎがおこったら、いっしょに仕事《しごと》をつづけましょう。」

フランシスコが、少《すこ》しいたずらっぽい目《め》をして、そう言《い》ったときです。

目《め》の前《まえ》のいばらが、とつぜん、まっかなばらの花《はな》を一面《めん》にさかせたのです！

二人《ふたり》はいっしょにたすけあって仕事《しごと》をしなさいという、神《かみ》さまのおつげだったのでしょうか。

「ごらんなさい。フランシスコさま。神《かみ》さまがゆるしてくださいましたわ。」

クララは、大《おお》よろこびで、ばらの花《はな》をつむと、両《りょう》うでにかかえて、修道院《しゅうどういん》への道《みち》をもどっていきました。

見送《みおく》るフランシスコの顔《かお》にも、しあわせそうなほほえみがうかんでいました。

これは、伝説《でんせつ》かもしれません。

でも、この美《うつく》しいおはなしは、二人《ふたり》の愛《あい》が、神《かみ》さまもよろこばれるほど、美《うつく》しくきよらかなものであったことを、わたしたちに教《おし》えてくれるのです。

その後《ご》、フランシスコは、いままでどおり、クララやシスターたちの心《こころ》のささえとなり、きびしい生活《せいかつ》をすることができるよう、あたたかいはげましを送《おく》るのでした。

フランシスコの死《し》

クララが、サン・ダミアノ修道院《しゅうどういん》にとどまって、シスターたちをみちびき、世話《せわ》をたのまれた病人《びょうにん》たちを世話《せわ》し、まずしい教会《きょうかい》のために、祭《さい》だんで使《つか》う布《ぬの》をおったりしている間《あいだ》、フランシスコは、世界《せかい》をまわり、またイタリアのいろいろの地方《ちほう》へ出《で》かけては、神《かみ》さまのことを人々《ひとびと》にはなして歩《ある》きました。

アシジの人々《ひとびと》は、いまでは、フランシスコをとても愛《あい》し、そんけいしていましたので、旅《たび》へ行《い》っていたフランシスコが帰《かえ》ってくると、大《おお》よろこびで、

「聖人《せいじん》がお帰《かえ》りになった！」

と、言《い》ってむかえました。

フランシスコは、自分《じぶん》が聖人《せいじん》とよばれることをたいへんいやがり、それからにげ

るために、ときどきさびしい山《やま》の中《なか》にはいって、一人《ひとり》で静《しず》かにいのる生活《せいかつ》をしていました。
やさしく明《あか》るい太陽《たいよう》、かわいい小鳥《ことり》たち、青《あお》い空《そら》に、そよぐ風《かぜ》、谷間《たにま》の水《みず》、美《うつく》しい花々《はなばな》、そして、夜《よる》になると宝石《ほうせき》のようにかがやく星《ほし》や月《つき》。それは、どれも人間《にんげん》のつくったものではありません。みんな神《かみ》さまからのおくりものです。
自然《しぜん》を見《み》るとき、フランシスコの心《こころ》は、神《かみ》さまをたたえる気持《きも》ちであふれそうになるのでした。

一二二四年九月十四日の朝《あさ》のことでした。

その日《ひ》も、たった一人《ひとり》、アルヴェルナ山《ざん》という山《やま》にこもっていたフランシスコは、いつもよりいっそう深《ふか》く、イエスさまのおくるしみについて考《かんが》えていました。

とめどなくなみだを流《なが》しながら、両《りょう》うでを大《おお》きくのばし、十字架《じゅうじか》につけられたかっこうをしていのりました。「イエスさま、もしおゆるしいただけますなら、わたしは、あなたが受《う》けられたあの十字架上《じゅうじかじょう》のおくるしみを、自《じ》分《ぶん》の心《こころ》にも、体《からだ》にも感《かん》じたいのです！」

イエスさまへの愛《あい》にあふれて、フランシスコが、心《こころ》の中《なか》でさけんだときです。

とつぜん、青《あお》と緑《みどり》の色《いろ》の、まぶしいような明《あか》るさが、空《そら》をてらし出《だ》しました。その光《ひかり》の中《なか》に、六まいのつばさをつけた天使《てんし》が、十字架《じゅうじか》にかかったイエスさまのおすがたとともに、あらわれたではありませんか。

おどろいて目《め》をみはったフランシスコは、つぎの瞬間《しゅんかん》、

「ああーっ」

と、大《おお》きくさけぶと、体《からだ》をふるわせてたおれました。

がまんできないような、はげしいいたみが、フランシスコをおそい、たちまち、手足《てあし》と、着《き》ている服《ふく》が、血《ち》まみれになりました。

フランシスコが、気《き》を失《うしな》っている間《あいだ》に、まぼろしは消《き》えました。

でも、きずは、消《き》えなかったのです。

てのひらと、足《あし》の甲《こう》には、くぎがさしつらぬいたあとがあり、わきばらには、やりでついたような深《ふか》いきずあとが、はっきり残《のこ》っていて、そこから血《ち》が流《なが》れつづけていました。

これは、イエスさまが、十字架《じゅうじか》に手足《てあし》をくぎで打《う》ちつけられ、やりで、わきばらをさされたときにできたきずと、まったく同《おな》じものだったのです。

フランシスコは、いたさにうめきながらも、イエスさまのおくるしみを、少《すこ》しでも自分《じぶん》の体《からだ》に感《かん》じることのできたよろこびに、心《こころ》はしあわせであふれていました。

フランシスコのキリストさまへの深《ふか》い愛《あい》を、およろこびになった神《かみ》さまが、奇跡《きせき》をおこして、そのねがいをかなえてくださったのです。

フランシスコは、このことを、人《ひと》に知《し》らせたくないと思《おも》いましたが、きずはひどくいたみ、歩《ある》くこともできなかったので、兄弟《きょうだい》たちには、だまっているわけにはいきませんでした。

おどろいた兄弟《きょうだい》たちは、ろばをかり、きずついた体《からだ》を、静《しず》かにそのせなかにのせました。

アシジまで、つれ帰《かえ》るためです。

山《やま》の中《なか》ほどで、フランシスコは、ろばをとめ、山《やま》をふりかえりました。

「アルヴェルナ山《ざん》よ、さようなら。これでお別《わか》れだ。おまえとは、二度《ど》と会《あ》うことはないだろう。」

フランシスコは、自分《じぶん》の死《し》が、近《ちか》づいたことを、知《し》っていたのです。

アシジに帰《かえ》っても、フランシスコは、この奇跡《きせき》についてだれにもはなさないようにしていましたが、うわさは、知《し》らず知《し》らずのうちに、イタリアじゅうにひろまり、人々《ひとびと》は、これほど神《かみ》さまに愛《あい》されたフランシスコを、心《こころ》からほめたたえました。

長《なが》い間《あいだ》にたまったつかれと、きずのいたみのために、フランシスコの体《からだ》は、たいへん弱《よわ》ってしまいました。それで、少《すこ》しの休《やす》みをとるために、サン・ダミアノへ行《い》くことになりました。

死《し》ぬまえに、もう一度《ど》、クララのもとをたずねておきたいと思《おも》ったのかもしれません。

知《し》らせを受《う》けたクララと姉妹《しまい》たちは、よろこんで、修道院《しゅうどういん》の庭《にわ》に、かんたんな小《こ》屋《や》をつくり、フランシスコが気持《きも》ちよく休《やす》めるように、準備《じゅんび》して待《ま》ちました。

フランシスコが、やってきました。

クララがまどからのぞきますと、元気《げんき》だったころとはすっかりかわって、げっそりとやせ細《ほそ》り、青《あお》い顔《かお》をして、手足《てあし》からは血《ち》が流《なが》れていました。

クララは、そのすがたを見《み》て、思《おも》わずなみだをこぼしました。

小屋《こや》にとまっている間《あいだ》、足《あし》をいたわるために、やわらかいほうたいをまき、軽《かる》いサンダルをつくってあげましたので、フランシスコは、少《すこ》し庭《にわ》を散歩《さんぽ》することができました。

ある朝《あさ》、明《あか》るい太陽《たいよう》がのぼりはじめたとき、フランシスコは、鳥《とり》たちが集《あつ》まっている庭《にわ》に出《で》て、この美《うつく》しい自然《しぜん》をおつくりになった神《かみ》さまへの愛《あい》にあふれてうたいだしました。

それは、太陽《たいよう》、月《つき》、星《ほし》、風《かぜ》、雲《くも》、水《みず》、火《ひ》、そして、この地上《ちじょう》にみのるくだものや、花《はな》や木《き》を、わたしたちの兄弟《きょうだい》、姉妹《しまい》とよび、それらをおつくりになった神《かみ》さまの、すばらしいお仕事《しごと》を、ほめたたえた美《うつく》しい詩《し》でした。

これは、『太陽《たいよう》の賛歌《さんか》』とよばれて、有名《ゆうめい》になり、こののち、兄弟《きょうだい》の一人《ひとり》がこれに節《ふし》をつけてうたいながら、世界《せかい》じゅうをまわったといいます。

フランシスコの体《からだ》は、どんどん弱《よわ》り、もうさいごが近《ちか》づいていました。お医者《いしゃ》さまから、あと数週間《すうしゅうかん》で、あなたは死《し》ぬでしょうと言《い》われても、フランシスコは少《すこ》しもこわがりませんでした。死《し》は、フランシスコにとって、神《かみ》さまの所《ところ》へ行《い》くことを意味《いみ》していたのですから、かえってよろこびだったのです。

死《し》ぬときは、「天使《てんし》の聖《せい》マリア教会《きょうかい》」で死《し》にたいというフランシスコのさいごののぞみをかなえるために、兄弟《きょうだい》たちは、病人《びょうにん》をたんかにのせて、あの思《おも》い出《で》の森《もり》の中《なか》の教会《きょうかい》へつれていきました。

もう、この世《よ》に思《おも》い残《のこ》すことはありません。

「こわれかけている教会《きょうかい》を、建《た》て直《なお》しなさい」という、神《かみ》さまのおことばに答《こた》えて、人々《ひとびと》を正《ただ》しい信仰《しんこう》にもどすために、働《はたら》きつづけたフランシスコのきよらかなたましいは、兄弟《きょうだい》たちの見守《みまも》るうちに、静《しず》かに神《かみ》さまのもとへとびたっていきました。

一二二六年《ねん》十月《がつ》三日《か》。フランシスコは、四十五歳《さい》でした。

おとむらいのかねは、フランシスコの死《し》をつげて、遠《とお》くまでなりひびきました。

それは、山《やま》の上《うえ》のクララの耳《みみ》にも聞《き》こえました。

お葬式《そうしき》の行列《ぎょうれつ》が、サン・ダミアノ修道院《しゅうどういん》へ立《た》ちよったとき、病気《びょうき》で弱《よわ》っていたクララは姉妹《しまい》たちに助《たす》けられてまどに近《ちか》づき、フランシスコの遺体《いたい》をみつめました。

手足《てあし》に残《のこ》った奇跡《きせき》のきずあとは、赤《あか》いばらのように見《み》え、その顔《かお》は、よろこびでかがやいているようでした。

「もう、天国《てんごく》へ行《い》ってしまわれたのですね。フランシスコさま。」

そうっとはなしかけると、いろいろなことが思《おも》い出《だ》されて、クララは、ぽろぽろとなみだを流《なが》しました。

姉妹《しまい》たちも、たまらずに泣《な》き出《だ》しました。

フランシスコの遺体《いたい》は、そこから、おかの上《うえ》のサン・ジョルジョ教会《きょうかい》へはこばれ、そこへほうむられました。

そして、一二二八年《ねん》七月《がつ》十六日《にち》、なくなってわずか二年《ねん》めに、聖人《せいじん》の位《くらい》にあげられました。八〇〇年後《ねんご》のいまでも、フランシスコは、「アシジの聖者《せいじゃ》」として、世界《せかい》じゅうの人々《ひとびと》から愛《あい》され、そんけいされています。

そして残《のこ》されたクララは、天国《てんごく》でまた会《あ》える日《ひ》まで、フランシスコの教《おし》えた「自《じ》分《ぶん》から持《も》ち物《もの》をすてて、キリストさまにならう生活《せいかつ》」をする心《こころ》を、しっかり守《まも》りつづけていこうと決心《けっしん》するのでした。

クララ会《かい》の発展《はってん》

クララは、重《おも》い病気《びょうき》にかかっていて、自分《じぶん》は、修道院《しゅうどういん》から出《で》ることはできなくなっていましたが、シスターたちをいろいろな地方《ちほう》へ送《おく》って、同《おな》じようにまずしい生活《せいかつ》をしながら、神《かみ》さまにつかえる、クララ会修道院《かいしゅうどういん》をつくらせました。

一二二八年《ねん》には、二十三のクララ会修道院《かいしゅうどういん》が、各地《かくち》にできていたのです。

そこで生活《せいかつ》しているシスターたちは、王女《おうじょ》や、貴族《きぞく》のむすめだった人《ひと》もいましたし、ふつうの家庭《かてい》のむすめもいましたが、みんな、フランシスコの信仰《しんこう》と、その生《い》き方《かた》にならい、クララと同《おな》じように、すべてをすてて集《あつ》まってきた人《ひと》たちでした。

山《やま》の中《なか》の小《ちい》さな修道院《しゅうどういん》に、かくれるように住《す》んでいるクララでしたが、こうして、多《おお》くの人々《ひとびと》を、神《かみ》さまのもとへよびよせることができたのです。

そして、ついに、そのときの教皇《きょうこう》さまである、グレゴリオ九世《せい》というかたが、フランシスコを聖人《せいじん》と決《き》めるための調査《ちょうさ》をなさるため、アシジにいらっしゃったときに、わざわざクララをたずねて、サン・ダミアノ修道院《しゅうどういん》へよられることになったのです。

けんそんなクララは、そんなえらいかたが来《こ》られると聞《き》いて、たいへんおどろきましたが、教皇《きょうこう》さまは、クララをたいへんそんけいしていて、自分《じぶん》の仕事《しごと》を、神《かみ》さまがたすけてくださるよう、おいのりしてくださいとたのむのでした。

クララに、修道院《しゅうどういん》の内部《ないぶ》を案内《あんない》されて見《み》てまわった教皇《きょうこう》さまは、そのあまりのまずしさにほんとうにおどろきました。いっしょにきた、おとものえらい司教《しきょう》さまたちは、ぜいたくなくらしになれていたので、このひどいみすぼらしさに、思《おも》わずまゆをしかめました。自分《じぶん》たちのゆたかなくらしをすてて、こんな生活《せいかつ》をすることを、想像《そうぞう》しただけでも、ぞっとしてしまうのでしょう。

でも、教皇《きょうこう》さまは、ちがいました。クララたちが、どうして、この世《よ》の富《とみ》をすてたのか、よくわかっていらっしゃったからです。

でも、あまりにもまずしく、シスターたちの健康《けんこう》も心配《しんぱい》だったので、そっと、クララにおっしゃいました。

「もう少《すこ》し、らくなくらしになさったらどうですか？　これでは、つらすぎるでしょう。」

クララは、ひざまずき、ていねいに答《こた》えました。

「教皇《きょうこう》さま、ご心配《しんぱい》くださって、ありがとうございます。でも、わたしたちのために、すべての物《もの》をはぎ取《と》られてなくなったイエスさまのことを考《かんが》えましたら、これでもまだ、ぜいたくと言《い》えますでしょう。『完全《かんぜん》な清貧《せいひん》』の中《なか》に生《い》きることが、わたしたちにとって、いちばんしあわせなのでございます。どうぞ、この生活《せいかつ》をつづけることを、おゆるしくださいませ。」

教皇《きょうこう》さまは、それ以上《いじょう》、何《なに》もおっしゃいませんでした。クララの、キリストさまへの愛《あい》の深《ふか》さ、そして、その強《つよ》い信仰心《しんこうしん》をみて感動《かんどう》し、何《なに》も言《い》えなくなってしまったのです。

そのあと、食堂《しょくどう》へ行《い》くと、テーブルの上《うえ》にパンがならんでいました。

クララは、教皇《きょうこう》さまに、このまずしいパンを祝福《しゅくふく》してくださるようにとおねがいしました。

教皇《きょうこう》さまは、にっこりしておっしゃいました。

「いいえ、クララ、あなたが祝福《しゅくふく》してください。」

クララのおいのりの力《ちから》をよく知《し》っていた教皇《きょうこう》さまは、ちょっとためしてみたかったのです。

おいいつけにそむくことはできず、クララは、「はい」と答《こた》えると、しばらくじっとおいのりをしてから、手《て》をあげて、大《おお》きく空中《くうちゅう》に十字《じゅうじ》をきりました。

「あっ！」

そこにいた人々《ひとびと》は、みんな、おどろきの声《こえ》をあげて、テーブルの上《うえ》のパンを見《み》ました。

どのパンの上《うえ》にも、いままでなかった十字架《じゅうじか》のしるしが、はっきりときざまれていたのです。

そののち、クララは、だんだん病気《びょうき》がひどくなり、ベッドにいることが多《おお》くなりましたが、自分《じぶん》は一歩《いっぽ》も外《そと》へ出《で》なくても、世界《せかい》じゅうに、なお多《おお》くの姉妹《しまい》をふやしていきました。

クララのうわさは、人《ひと》から人《ひと》へつたわっていきましたし、フランシスコの兄弟《きょうだい》たちが、ほうぼうをまわって、教《おし》えをときながら、クララ会《かい》のことも人々《ひとびと》にはなしたので、それを聞《き》いた人《ひと》の中《なか》に、自分《じぶん》もそのような生活《せいかつ》をしたいと、熱心《ねっしん》にのぞむ人《ひと》がたくさん出《で》てきたからです。

ボヘミアの王《おう》さまのむすめで、アグネスという美《うつく》しいおひめさまがいました。まえから、フリードリヒ二世《せい》という王《おう》さまと婚約《こんやく》していたのですが、そのかたは、アシジを攻《せ》めにきたことのあるひどい王《おう》さまだったので、アグネスは、まったく結婚《けっこん》するつもりはありませんでした。

ある日《ひ》、町《まち》に出《で》たアグネスは、まずしい身《み》なりをしたフランシスコの兄弟《きょうだい》たちが、お説教《せっきょう》しているのに出会《であ》いました。

町《まち》の人々《ひとびと》の間《あいだ》にまじって聞《き》いていると、かれらは、サン・ダミアノ修道院《しゅうどういん》についてはなしはじめました。

「アシジでいちばん美《うつく》しく、いちばんゆたかだったクララは、キリストさまと同《おな》じように生《い》きたいと、すべての財産《ざいさん》を売《う》りはらい、そのお金《かね》を、まずしい人《ひと》たちにわけあたえて、もう何年《なんねん》も、山《やま》の中《なか》の修道院《しゅうどういん》で、いのりの生活《せいかつ》を送《おく》っています。

クララは、いま何《なに》も持《も》っていません。でも、いつも明《あか》るく、しあわせそうです。なぜなら、この世《よ》の富《とみ》をすてたものは、天国《てんごく》では百倍《ひゃくばい》にもなるゆたかなおめぐみをいただくことを、知《し》っているからです。」

アグネスは、自分《じぶん》もそのような生《い》き方《かた》をしたいと、心《こころ》から思《おも》いました。

――わたしは、王《おう》さまのむすめだけれど、これからは、天国《てんごく》の王《おう》さまである神《かみ》さまに、おつかえしよう!――

そう決心《けっしん》すると、まわりじゅうのたいへんな反対《はんたい》にうち勝《か》って、ついに自分《じぶん》の財《ざい》産《さん》を売《う》りはらい、そのお金《かね》で、まずしい人《ひと》たちのための病院《びょういん》を建《た》てました。そして、自分《じぶん》は、「救《すく》い主《ぬし》の修道院《しゅうどういん》」という修道院《しゅうどういん》をつくって、同《おな》じ考《かんが》えの婦人《ふじん》たちといっしょに、そこでくらしはじめました。

サン・ダミアノのクララへ手紙《てがみ》を送《おく》り、いろいろ教《おし》えていただきたいとたのみますと、クララからは、さっそく、しんせつな手紙《てがみ》がとどきました。

「もし、あなたが、キリストとともにくるしむならば、天国《てんごく》で、ほまれをいただくでしょう。キリストとともに泣《な》くならば、キリストとともによろこぶことができるでしょう。キリストとともに十字架《じゅうじか》にかかるならば、天国《てんごく》で、キリストとともに住《す》むことができるでしょう。」

そののちも、二人《ふたり》の間《あいだ》には、たびたび手紙《てがみ》がかわされ、深《ふか》い信頼《しんらい》とそんけいで、かたく結《むす》ばれました。

でも、二人《ふたり》は、この世《よ》では、一度《ど》も会《あ》うことがありませんでした。クララの死後《しご》、三十年《ねん》たって、アグネスが天国《てんごく》へ行《い》ったとき、はじめて、会《あ》うことができたのです。

このほかにも、多《おお》くの地位《ちい》の高《たか》い女性《じょせい》たちが、クララの生《い》き方《かた》をみならいました。

こうして、聖《せい》フランシスコ会《かい》の第《だい》二会《かい》とよばれる、クララ会《かい》は、いろいろな所《ところ》へ、発展《はってん》していったのです。

3

ふしぎなおめぐみ

神《かみ》さまのおたすけ

けんそんなクララは、自分《じぶん》では、まだまだつみ深《ぶか》く、神《かみ》さまのお気《き》にいるような人間《にんげん》にはなっていないと思《おも》っていましたが、神《かみ》さまは、クララを愛《あい》され、とくべつなおめぐみによって、しばしばふしぎな力《ちから》をおあたえになりました。

一二四一年《ねん》のことです。

フリードリヒ二世《せい》という王《おう》さまにやとわれた、サラセン人《じん》のやばんな兵隊《へいたい》たちが、アシジの町《まち》にしん入《にゅう》してきました。

教会《きょうかい》をこわしては、金《きん》でできたミサの道具《どうぐ》をうばったり、人々《ひとびと》にらんぼうしたりしながら、ついに、山《やま》の中《なか》ごろにあるサン・ダミアノ修道院《しゅうどういん》にまでせまってきました。

そこには、お金持《かねも》ちのむすめや、夫人《ふじん》だった人《ひと》たちが、大《おお》ぜい集《あつ》まっていると聞《き》いていたので、その人《ひと》たちをおそえば、きっと、家族《かぞく》は高《たか》い身代金《みのしろきん》をはらって、たすけようとするだろうと考《かんが》えたのです。

武器《ぶき》のぶつかりあう音《おと》や、兵隊《へいたい》たちのわめき声《ごえ》が、門《もん》の外《そと》に聞《き》こえると、シスターたちは、おそろしさにひめいをあげて、クララのへやへかけこみました。

クララは、そのとき病気《びょうき》で、わらのふとんの上《うえ》に、くるしそうにねていましたが、みんなは、そんなことをわすれて、そのひざにすがりつきました。

「院長《いんちょう》さま！　兵隊《へいたい》たちが、もう門《もん》の所《ところ》まで来《き》ました！　どうしましょう！　わたしたちみんな殺《ころ》されてしまいます！　弱《よわ》い女《おんな》ばかりで、どうやってやばんな兵隊《へいたい》たちに勝《か》つことができるでしょう。」

「おい！　あけろ！　あけないと、たたきこわすぞ！」

兵隊《へいたい》たちのどなりちらす声《こえ》が聞《き》こえます。

ああ、もうすぐ門《もん》がこわされそうです。

修道院《しゅうどういん》は、まわりじゅうかこまれていて、うらからにげることもできません。シスターたちは、ただおそろしさに、身《み》をちぢめるばかりでした。でも、クララ一人《ひとり》は、あわてませんでした。

くるしいのをがまんして立《た》ちあがると、みんなにささえられて、おみどうまで行《い》き、祭《さい》だんの前《まえ》にひざまずきました。「神《かみ》さま、わたしはこんなに弱《よわ》くて、姉妹《しまい》たちを守《まも》ることができません。どうぞ、あなたのお力《ちから》で、わたしたちとこの修道院《しゅうどういん》をお守《まも》りください！」

クララは、心《こころ》のそこから熱心《ねっしん》においのりをしました。そして、ご聖体《せいたい》（パンの形《かたち》のうちにいらっしゃるイエスさま）のはいった器《うつわ》を持《も》つと、いさましくも、自分《じぶん》からまどをひらき、兵隊《へいたい》たちの前《まえ》にすがたをあらわしました。

もしらんぼうされるなら、自分《じぶん》がはじめにというかくごもあったのです。

みすぼらしい服《ふく》を着《き》てはいましたが、クララの顔《かお》は、天使《てんし》のように美《うつく》しくかがやき、そのすがたは、りんとして、つけいるすきがありませんでした。

息《いき》をのんでみつめる兵隊《へいたい》たちは、とつぜんご聖体《せいたい》から出《で》たまぶしい光《ひかり》に、目《め》がくらみました。そして、見《み》えない強《つよ》い力《ちから》で押《お》しもどされ、ついには、まっ青《さお》になってにげ出《だ》しました。

クララのいのりが、修道院《しゅうどういん》を守《まも》ったのです。

そののち、ふたたびアシジの町《まち》が、戦争《せんそう》の危険《きけん》にさらされましたが、このときも、クララとその姉妹《しまい》たちの熱心《ねっしん》ないのりによって、てきを追《お》いはらうことができました。

アシジの市民《しみん》は、それ以来《いらい》ずっと、その日《ひ》をきねんして、感謝《かんしゃ》のいのりをささげているということです。

また、ある晩《ばん》のことです。

クララが、修道院《しゅうどういん》の大《おお》きな重《おも》いてつのとびらをしめようとしたとたん、とめ金《がね》がはずれて、クララはその下敷《したじ》きになってたおれました。

「ああっ！　だれか来《き》て！　院長《いんちょう》さまが‼」

そばにいたシスター・アンジェラは、気《き》がくるったようにさけびました。

シスターたちが、おどろいてとんできました。

重《おも》いとびらの下《した》から、ほんの少《すこ》しクララの服《ふく》のはしが見《み》えているだけで、体《からだ》は、すっかりとびらの下《した》にかくれてしまっています。

シスターたちは全員《ぜんいん》で、とびらをもちあげようとしましたが、重《おも》くてとても動《うご》きません。

「ああ、もうだめだわ。院長《いんちょう》さま！　院長《いんちょう》さま！」

みんなは、どうしてよいかわからずに、泣《な》きさけびました。

「だれか、フランシスコの兄弟《きょうだい》たちに知《し》らせてきてください。男《おとこ》のかたにたすけてもらわなければ、とてもだめです！」

一人《ひとり》のシスターが言《い》い、何人《なんにん》かが、とぶようにして、出《で》ていきました。

やっとかけつけた三人《にん》の兄弟《きょうだい》の力《ちから》をかりて、重《おも》いとびらは、ようやく取《と》りのぞかれました。

シスターたちは、とても見《み》ていられないというように、両手《りょうて》で顔《かお》をおおっていました。

血《ち》にまみれた、クララの死体《したい》が出《で》てくると思《おも》ったからです。でも、どうでしょう。クララは、かすりきず一《ひと》つおわずに立《た》ちあがり、にっこりとわらったのです。みんなは、まほうにかけられたように、ぽかんとして、クララをみつめました。

いままでのことは、ゆめだったのでしょうか。

「心配《しんぱい》かけてごめんなさい。でも、なんにも感《かん》じませんでした。てつの重《おも》いとびらのはずなのに。まるで、マントより軽《かる》かったのですよ。」

みんなは、いつまでも、信《しん》じられないというように、クララと、てつのとびらとを、かわるがわるながめていました。

サン・ダミアノ修道院《しゅうどういん》には、シスターたちが病気《びょうき》になったとき、のませる薬《くすり》が、じゅうぶんありませんでした。では、そんなとき、いったいどうして病気《びょうき》をなおしたのでしょうか。

アマタという若《わか》いシスターが、重《おも》い病気《びょうき》にかかり、しつこいせきと熱《ねつ》にくるしめられ、おなかのひどいいたみに、たえずうめいていました。いのちもあぶないほどの状態《じょうたい》でした。

何年《なんねん》かまえ、クララのめいであるアマタは、ある美《うつく》しい春《はる》の日《ひ》に、サン・ダミアノ修道院《しゅうどういん》をたずねました。お金持《かねも》ちの騎士《きし》と結婚《けっこん》がきまり、ぜいたくな結婚衣装《けっこんいしょう》、光《ひか》りかがやく宝石《ほうせき》などで身《み》をかざるよろこびでいっぱいになりながら、このしあわせを、クララに知《し》らせようと思《おも》ったのです。

「おばさま、わたしのいいなずけのかたは、とってもわたしを愛《あい》してくださるのよ。」

「そう、でも、もっともっとあなたを愛《あい》してくださるかたがいらっしゃるわ。」

クララが言《い》いました。神《かみ》さまのとくべつのおしめしによって、クララは、アマタが結婚《けっこん》をせずに、キリストの花《はな》よめとなるよう決《き》められていることを知《し》っていました。

「まあ、そのかたは、どこにいらっしゃるの？」

「地上《ちじょう》には、いらっしゃいません。」

「それは、どなたのことなの？」

「イエス・キリストさまですよ。あなたのほんとうのいいなずけは、このかたなのよ、アマタ。」

信《しん》じられないことに、いままでお金持《かねも》ちの青年《せいねん》とのはなやかな結婚《けっこん》をゆめみていたアマタは、そのまま修道院《しゅうどういん》にとどまって、キリストの花《はな》よめになってしまったのでした。

そのアマタが、いま、死《し》にそうなくらいくるしんでいるのです。

クララは、なんとかしてなおしてあげたいと思《おも》いました。そして、病人《びょうにん》の上《うえ》に手《て》をあげ、十字架《じゅうじか》のしるしをしながら、

「天《てん》にいらっしゃるお父《とう》さま、もしあなたのお心《こころ》にかないますならば、このアマタ

を、病気《びょうき》からおすくいくださいませ」

と、心《こころ》からおいのりしました。

すると、神《かみ》さまは、クララのいのりをお聞《き》きいれになり、アマタのせきも熱《ねつ》もいたみも消《き》えて、一年《ねん》あまりもつづいたくるしい病気《びょうき》から、すっかりなおったのでした。

クララは、自分《じぶん》も病気《びょうき》にくるしみながらも、アマタのほかにも、何人《なんにん》ものシスターたちを、病気《びょうき》からすくいました。これは、クララがしたのではなく、なんでもおできになる神《かみ》さまが、クララの信仰《しんこう》のあつさをおよろこびになって、そのねがいを、お聞《き》きになったのです。

このようなおめぐみを受《う》けたのは、シスターたちだけではありません。修道院《しゅうどういん》のために働《はたら》いている人《ひと》や、その子《こ》ども、また遠《とお》くからクララのことを聞《き》いて、病気《びょうき》をなおしてもらおうと、やってきた人《ひと》たちも、このめぐみを受《う》けました。でもけんそんなクララは、このことで、人々《ひとびと》からほめられるのを、たいへんいやがり、神《かみ》さまに、自分《じぶん》のかわりに、ほかの人《ひと》に奇跡《きせき》をおこなわせてくださいとおいのりしました。

修道院《しゅうどういん》には、クララのお母《かあ》さまであるオルトラーナ夫人《ふじん》が、ご主人《しゅじん》の死後《しご》、同《おな》じように財産《ざいさん》をすて、シスターになり、いっしょにくらしていましたが、あるとき、目《め》が見《み》えなくなった子《こ》どもをつれてこられたとき、クララは、心《こころ》の中《なか》でおいのりしてから、こう言《い》いました。「このお子《こ》さんを、わたしの母《はは》であるシスター・オルトラーナの所《ところ》へつれていって、十字架《じゅうじか》のしるしをしていただきなさい。」

そのとおりにした子《こ》どもは、たちまち見《み》えるようになったということです。


クララは、こうして、くるしんでいる人《ひと》のために奇跡《きせき》をおねがいして、病気《びょうき》をなおしてあげましたが、自分《じぶん》の病気《びょうき》をなおしてくださいとおいのりしたことはありませんでした。

キリストさまと同《おな》じようにくるしんで、人間《にんげん》のつみをつぐなう手《て》つだいをしたいと、思《おも》っていたからです。

でも、やさしい神《かみ》さまは、ときどきそんなクララに、そっと手《て》だすけをなさいました。

病気《びょうき》でも、クララは、ベッドの上《うえ》に体《からだ》をおこし、ほかのシスターたちといっしょに、アシジの教会《きょうかい》のために、あさをつむいだり、ぬいものをしたりしていましたが、ある日《ひ》のこと、たいへん体《からだ》がいたくて、布《ぬの》をとりにいくことができませんでした。だれかにとってもらいたいと、シスターをよぶのですが、あいにく聞《き》こえないのか、だれもきてくれません。こまっていると、修道院《しゅうどういん》でかっているめんどりが一わ、クララのへやに、ちょこちょことはいってきました。そして、小《ちい》さな足《あし》で、いすの上《うえ》にあった布《ぬの》をつかみ、クララにわたそうとするように、ひっぱりはじめました。「あらあら、めんどりさん、そんなふうにひきずったら、布《ぬの》がよごれてしまいますよ。」

クララがわらって言《い》うと、めんどりは、ひっぱるのをやめて、きょとんと首《くび》をかしげてクララをみつめましたが、やがて、そのことばがわかったように、くちばしと足《あし》でなんとか布《ぬの》をまるめると、よいしょ、よいしょと、ひきずらずにクララのそばまではこんできました。

「ありがとう、めんどりさん。」

クララは、心《こころ》からやさしく、そのはねをなでてやりました。

イエスさまのおくるしみ

クララは、すべての財産《ざいさん》をすて、この世《よ》での楽《たの》しみをすてて修道院《しゅうどういん》にはいり、長《なが》い間《あいだ》まずしい生活《せいかつ》と、体《からだ》の病気《びょうき》にくるしみましたが、それは、みんな人間《にんげん》のためにくるしんでくださったイエスさまにならうためでした。

毎日《まいにち》、お昼《ひる》から三時《じ》までは、イエスさまが、十字架《じゅうじか》にかかっていらっしゃった時《じ》間《かん》だったので、とくに熱心《ねっしん》に、そのおくるしみについて考《かんが》え、おいのりをしていました。

ある聖木曜日《せいもくようび》のことでした。聖木曜日《せいもくようび》というのは、キリストさまが、なくなるまえの晩《ばん》に、弟子《でし》たちといっしょにさいごの晩《ばん》さんをなさり、パンとぶどう酒《しゅ》を、ご自分《じぶん》の体《からだ》と血《ち》であるとおっしゃって、「ご聖体《せいたい》」をお定《さだ》めになったのを記念《きねん》する日《ひ》

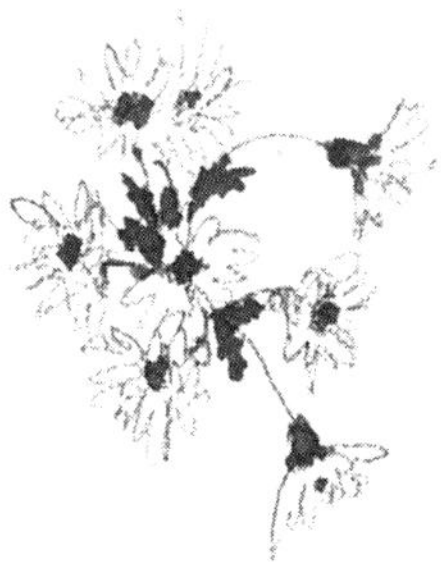

です。

その日《ひ》、クララが、いつもより熱心《ねっしん》に、イエスさまのおくるしみについて、泣《な》きながら考《かんが》えていますと、いつのまにか、さいごの晩《ばん》さんのようすが、まるで自分《じぶん》がそこにいるかのように、はっきり見《み》えてきました。

十二人《にん》の弟子《でし》の一人《ひとり》、ユダが、イエスさまをうらぎって、てきからもらったお金《かね》を、だいじそうににぎりしめながら、ちらりちらりと、いやな目《め》つきをして、イエスさまのほうをうかがっているのが見《み》えます。

お食事《しょくじ》のさいちゅうに、イエスさまは、パンとぶどう酒《しゅ》をとって、ご自分《じぶん》の体《からだ》と血《ち》であるとおっしゃり、ご聖体《せいたい》をお定《さだ》めになりました。

そのあと、クララは、イエスさまについて、ゲツセマネの園《その》へ行《い》きました。

神《かみ》さまであるイエスさまは、これからご自分《じぶん》が受《う》けるくるしみの一《ひと》つ一《ひと》つを、もうはっきりごぞんじでした。どんなにいたいめにあうか、どんなひどいぶじょくを受《う》けるか、まえからわかっていたら、どれほどおそろしいことでしょうか。

わたしたちは、先《さき》のことがわからないから、くるしいときも、なんとか一《ひと》つ一《ひと》つをがまんしていかれるのです。でも、イエスさまの場合《ばあい》は、すべてわかっているのですから、まるでそれらのくるしみが、一度《ど》におそってくるように感《かん》じられて、ほんとうのときより、もっとおそろしかったにちがいありません。まして、イエスさまは、人一倍《ひといちばい》感《かん》じやすく、完全《かんぜん》な想像力《そうぞうりょく》をもっていらっしゃったからなおさらです。木《き》の下《した》を歩《ある》きながら、だんだんと、むねがはりさけそうになってきて、もう歩《ある》くこともくるしくなりました。イエスさまは、弟子《でし》たちに、

「わたしが、あそこでいのっている間《あいだ》、あなたたちもここにいて、いっしょにいのっていてほしい」

と、おっしゃり、少《すこ》しはなれた所《ところ》に、くずおれるようにひざをつきました。

いつもはたよりない弟子《でし》たちにさえ、いっしょにいてほしいくらいだったのでしょう。

それなのに、その弟子《でし》たちは、いったい何《なに》をしていたのでしょうか。

イエスさまが、血《ち》のあせを流《なが》すほどくるしんでいらっしゃる間《あいだ》、なんと、ぐうぐうねてしまっていたのです。イエスさまは、たった一人《ひとり》、おそろしいくるしみと戦《たたか》わなければなりませんでした。

——ああ、ごいっしょにくるしんでさしあげたい。なぐさめてさしあげたい——

と、クララは、心《こころ》から思《おも》いました。

急《きゅう》にざわざわと物音《ものおと》がして、大《おお》ぜいの兵隊《へいたい》たちがやってきました。ユダが進《すす》み出《で》て、イエスさまにあいさつのせっぷんをします。これは、「わたしがあいさつするのがキリストだから、その人《ひと》をとらえなさい」という、あいずだったのです。お金《かね》のために、弟子《でし》だったユダは、こうしてイエスさまをうらぎったのです。

何《なに》も悪《わる》いことをしていないのに、イエスさまは、「自分《じぶん》を、神《かみ》の子《こ》だと言《い》った」という理由《りゆう》で、つかまり、なわをかけられてしまいました。おとなしく両手《りょうて》をしばられたイエスさまを見《み》ると、人々《ひとびと》は、いい気《き》になってらんぼうをはじめ、「あれは、やっぱり、あくまのまわし者《もの》だったのだ」

と、悪口《わるぐち》を言《い》って、イエスさまをののしりました。

弟子《でし》たちは、おそろしがってにげてしまい、だれもたすけにいく者《もの》はありません。

イエスさまは、裁判所《さいばんしょ》につれていかれました。

人々《ひとびと》は、死刑《しけい》にしろとさけびますが、ピラトというユダヤのそうとくは、どうしても、死刑《しけい》にするようなつみをみつけることができません。

そこで、むちで打《う》って、こらしめるだけにしようと考《かんが》えました。血《ち》だらけになったすがたを見《み》れば、人々《ひとびと》は、かわいそうに思《おも》ってゆるすだろうと思《おも》ったのです。

命令《めいれい》を受《う》けた兵隊《へいたい》たちは、長《なが》い間《あいだ》、戦争《せんそう》もなく、たいくつしていたので、ちょうどよい楽《たの》しみができたと、おもしろがって、イエスさまをはしらにしばりつけました。皮《かわ》ひもの先《さき》になまりでできた小《ちい》さい玉《たま》がついているむちで、体《からだ》じゅうを打《う》つのです。そのたびに、玉《たま》は肉《にく》に、くいこみ、イエスさまの体《からだ》は、みるみるうちに、血《ち》でまっかにそまりました。

たいていの人《ひと》は、二十も打《う》たれれば気《き》を失《うしな》ってしまうのですが、イエスさまは、ひとことも声《こえ》を出《だ》さず、がまんしつづけました。気《き》を失《うしな》っては、いたみを感《かん》じなくなります。イエスさまは、世界《せかい》じゅうの人《ひと》のつみを一《ひと》つ一《ひと》つ消《け》すために、一《ひと》つ一《ひと》つのむちのいたみを、はっきりと感《かん》じて、がまんをなさるおつもりでした。そのためにこそ、神《かみ》さまであるイエスさまは、人間《にんげん》になられたのですから。

血《ち》を見《み》ると、人々《ひとびと》は、ますます気持《きも》ちがあらあらしくなり、もっといじめる方法《ほうほう》はないかと、考《かんが》えました。

「そうだ。こいつは、自分《じぶん》のことを、王《おう》さまだと言《い》ったから、かんむりをかぶせてやろうじゃないか」

と、だれかがおもしろがって言《い》い、いばらのえだを集《あつ》めてきました。

何人《なんにん》かで、よってたかって、とげのたくさんついているそのえだを、イエスさまの頭《あたま》に、ぐるぐるとまきつけたからたまりません。

長《なが》いとげは、ひたいや頭《あたま》に、所《ところ》きらわずつきささり、美《うつく》しかったイエスさまのお顔《かお》は、血《ち》だらけになりました。

それでも、人々《ひとびと》は、かわいそうだと思《おも》わなかったのです。人間《にんげん》は、一人一人《ひとりひとり》はやさしくても、大《おお》ぜいがいっしょになってざんこくなことをはじめると、ふつうでは考《かんが》えられないようなひどいことも、平気《へいき》でするようになってしまうのです。

ピラトは、そのようすを見《み》ると、イエスさまを、また大《おお》ぜいの人《ひと》の前《まえ》につれてこさせました。

全身血《ぜんしんち》だらけになり、打《う》たれた所《ところ》は、むらさき色《いろ》にはれあがって、いまにもたおれそうなその姿《すがた》を見《み》て、人々《ひとびと》は、どうしたでしょうか。

「見《み》なさい、この人《ひと》を。この人《ひと》につみはない。もうこれでゆるしてやりなさい。」

ピラトが言《い》うと、人々《ひとびと》は、同情《どうじょう》するどころか、ますますこうふんして、さけんだのです。

「十字架《じゅうじか》につけろ！　十字架《じゅうじか》につけろ！」

ピラトにはもう人々《ひとびと》をおさえることができませんでした。

十字架《じゅうじか》の刑《けい》に決《き》まっていた二人《ふたり》のごうとうとともに、イエスさまは、とうとうゴルゴタのおかの上《うえ》で、死刑《しけい》にされることになったのです。

つみびとは、おかの上《うえ》まで、重《おも》い十字架《じゅうじか》を自分《じぶん》でかついでいかなければなりません。

健康《けんこう》な人《ひと》にも重《おも》い物《もの》を、まえの日《ひ》から少《すこ》しもねむらず、何《なに》も食《た》べず、何《なに》も飲《の》まず、むち打《う》たれたり、はずかしめられたりしつづけたイエスさまに、かつがせようというのです。きょりは、それほど長《なが》くなかったのですが、でこぼこした坂道《さかみち》でしたから、イエスさまは、重《おも》い木《き》に押《お》しつぶされるように、何度《なんど》もたおれました。

横《よこ》を歩《ある》いている兵隊《へいたい》たちは、そのたびに、

「こんな軽《かる》い物《もの》が、かつげないのか、おまえがほんとうに神《かみ》の子《こ》なら、天使《てんし》でもよんで、持《も》ってもらえ！　このうそつきめ！」

と、ののしりました。

――見《み》ているクララは、とんでいって、かわりに十字架《じゅうじか》をかついであげたい――と、思《おも》いました。

とうとうイエスさまが、おきられないのを見《み》ると、兵隊《へいたい》たちは、一人《ひとり》の男《おとこ》をよんで、かわりに十字架《じゅうじか》をかつがせ、行列《ぎょうれつ》はつづけられました。

重荷《おもに》はなくなりましたが、きずぐちからは、また血《ち》がふき出《だ》し、力《ちから》は、どんどん失《うしな》われて、足《あし》はもつれ、息《いき》がきれ、ちょっと石《いし》につまずいただけで、また、ふらふらとたおれてしまいました。兵隊《へいたい》は、そんなイエスさまを、まるで動物《どうぶつ》にするように、むちでたたいておきあがらせました。

長《なが》い時間《じかん》かかって、やっと、ゴルゴタのおかにつきました。ほっとするまもなく、十字架《じゅうじか》が地面《じめん》におかれ、着《き》ている物《もの》をはぎとられたイエスさまは、その上《うえ》にねかされました。両手《りょうて》を木《き》の上《うえ》に、ぎゅっとのばしておさえつけると、四角《しかく》く、先《さき》のとがった太《ふと》いくぎを手首《てくび》にあて、ハンマーで、があんと打《う》ちこんだのです。

小《ちい》さなびょう一本《いっぽん》ささっても、いたいことを考《かんが》えれば、太《ふと》いくぎでさし通《とお》されるいたさは、どんな人《ひと》でも気《き》を失《うしな》うほどのものだったでしょう。

そして、つぎには、両足《りょうあし》を重《かさ》ねた甲《こう》のところにも、また、長《なが》く大《おお》きなくぎが打《う》ちつけられたのです。

この三《みっ》つのくぎだけで、体《からだ》ぜんたいの重《おも》みをささえるのです。つかれて、体《からだ》の力《ちから》をぬけば、なおさらきずはいたむでしょうし、どうやっても、いたみからのがれることはできません。

頭《あたま》には、また、いばらのかんむりがかぶせられ、このくるしい状態《じょうたい》のまま、三時《じ》間《かん》も、イエスさまはくるしまれたのです。

としよりなら、すぐにも息《いき》がたえたでしょうが、若《わか》いイエスさまは、すぐに死《し》ぬことができず、よけい、長《なが》くくるしまれたのでした。

これは、みんな、人間《にんげん》のためなのです。

つみをおかした人間《にんげん》が、受《う》けるはずのばつを、神《かみ》さまであるイエスさまお一人《ひとり》で、こうしてかわりに受《う》けてくださったのです。

人間《にんげん》が、地獄《じごく》へ行《い》かず、天国《てんごく》へ行《い》けるようにしてくださるためです。

神《かみ》さまは、ご自分《じぶん》のおつくりになった人間《にんげん》を、こんなにも愛《あい》していらっしゃるのです。

それなのに、人間《にんげん》は、ちっともそれをありがたいとも思《おも》わず、あいかわらず神《かみ》さまにそむきつづけています。

クララは、このような神《かみ》さまの愛《あい》を思《おも》い、少《すこ》しでも、キリストさまのおくるしみにならって、神《かみ》さまに愛《あい》をおかえししたいと思《おも》って、生《い》きてきたのでした。

イエスさまが、なくなられるとき、とつぜん、大《だい》じしんがおこり、はげしい風《かぜ》といなびかりがあらわれたと思《おも》うと、空《そら》はまっくらになりました。神殿《しんでん》にさがっていたまくは、ま二《ふた》つにさけ、人々《ひとびと》はおそろしさににげまどいました。

「この人《ひと》は、やっぱり、ほんとうに神《かみ》の子《こ》だった。」

刑《けい》をおこなった役人《やくにん》が、ふるえながら言《い》いました。

このの ち、三日《みっか》めに、イエスさまは生《い》きかえり、ほんとうに神《かみ》さまの子《こ》であることを証明《しょうめい》なさったのです。

クララは、このおくるしみを見《み》ている間《あいだ》、気《き》を失《うしな》っていました。ねどこによこたわり、両手《りょうて》をくみあわせ、目《め》はあいているのですが、地上《ちじょう》のことは、何《なに》も見《み》えず、何《なに》も聞《き》こえませんでした。

ほかのシスターたちは、クララがあまりに長《なが》い間《あいだ》、身動《みうご》き一《ひと》つしないので、顔《かお》がこんなに美《うつく》しくかがやいていなければ、死《し》んでしまったと思《おも》うところでした。二日《ふつか》くらいの間《あいだ》、何《なに》も食《た》べず、何《なに》も飲《の》まずにいたのです。

土曜日《どようび》の夜《よる》、一人《ひとり》のシスターが、ローソクに火《ひ》をともし、空間《くうかん》をみつめているクララの目《め》の前《まえ》で動《うご》かしてみました。

その光《ひかり》で、やっと、クララは気《き》がつきました。ふしぎそうな顔《かお》をして、まわりを見《み》まわすと、そばにいたシスターに聞《き》きました。

「まだ、夜《よる》はあけないのですか？」

「院長《いんちょう》さま、聖木曜日《せいもくようび》から、もう二日《ふつか》めの夜《よる》がはじまるところですよ。」

クララは、自分《じぶん》が神《かみ》さまのとくべつのおはからいによって、イエスさまのおくるしみを見《み》ることができたのだとわかりました。

フランシスコが、その体《からだ》に、イエスさまと同《おな》じきずあとを受《う》けたのと同《おな》じように、クララも、心《こころ》で、そのおくるしみを感《かん》じることができたのでした。

でも、クララは、このおめぐみをじまんすることなく、シスターたちには、

「わたしの生《い》きている間《あいだ》は、このことをだれにもはなさないでください」

と、たのみました。

これは、クララと神《かみ》さまとの、だいじなだいじなひみつだったのです。

天《てん》からのおむかえ

クララは、地上《ちじょう》にいながら、心《こころ》は、もう天国《てんごく》にいるように神《かみ》さまといっしょでした。

ですから、クララのまわりには、ときどき、ふしぎなことがおこって、ほかのシスターたちをおどろかせました。

ある日《ひ》、教会《きょうかい》で、みんながお説教《せっきょう》を聞《き》いているとき、とつぜん、一人《ひとり》のシスターは、クララのひざの上《うえ》に、三歳《さい》ぐらいの天使《てんし》のように美《うつく》しいブロンドのかみの毛《け》の男《おとこ》の子《こ》が、だかれているのを見ました。その子《こ》どもは、あまえるように、クララのむねに頭《あたま》をもたせかけ、いっしょにおはなしをきいているようでした。

シスターには、クララも、その子《こ》どもも、光《ひかり》につつまれてかがやいているように

見《み》えました。

それは、生《う》まれてまもない、小《ちい》さなイエスさまだったのかもしれません。

クラの病気《びょうき》は、だんだん重《おも》くなっていました。でも、少《すこ》しでも気分《きぶん》がよいときは、庭《にわ》へ出《で》て、美《うつく》しい花《はな》にはなしかけ、太陽《たいよう》のあたたかい光《ひかり》をあび、気持《きも》ちのよい風《かぜ》にあたるのを、いちばんのよろこびにしていました。

なくなったフランシスコと同《おな》じように、クラも、神《かみ》さまのおつくりになったままの自然《しぜん》を、心《こころ》から愛《あい》していました。フランシスコが、なくなるまえに、しばらくの間《あいだ》、休《やす》んでいた小《ちい》さな小屋《こや》のあとへ行《い》って、あのときうたわれたすばらしい『太《たい》陽《よう》の賛歌《さんか》』を思《おも》い出《だ》して、なつかしむこともありました。

でも、だんだん病気《びょうき》が重《おも》くなると、外《そと》へ出《で》ることもできなくなり、わらでつくったベッドに、ねたままの日《ひ》が多《おお》くなりました。

やがて、クリスマスの夜《よる》が来《き》ました。

その日《ひ》はふぶきで、シスターたちは、寒《さむ》さにぶるぶるふるえながら、ローソクを持《も》って、クララのへやをのぞきにきました。

「院長《いんちょう》さま、これから、クリスマスのごミサがはじまりますけど、おみどうは、とっても寒《さむ》いですし、かいだんをおりていらっしゃるのは、むりですから、ここでおいのりなさってくださいね。」

シスターたちは、クララを一人残《ひとりのこ》して、かいだんをおりていきました。

おみどうからは、人間《にんげん》をすくうために、赤《あか》ちゃんとなって、地上《ちじょう》に来《こ》られたイエスさまのお誕生《たんじょう》をおいわいする歌《うた》が聞《き》こえてきます。

「神《かみ》さま、わたしは一人残《ひとりのこ》されてしまいました。わたしもごミサに出《で》て、イエスさまのためにうたえたら、どんなにうれしいでしょうか。」

クララのほほを、なみだがぽろぽろと流《なが》れました。

そのときです。

クララの体《からだ》は、ふわっと、だれかにだきあげられ、いつのまにか、ごミサのおこなわれているおみどうまではこばれていたのです。

みんなといっしょにミサにあずかり、歌《うた》をうたい、ご聖体《せいたい》までいただいたクララは、また、いつのまにか、もとのへやのベッドにもどっていました。

ミサが終《お》わって、シスターたちがクララのへやへ集《あつ》まってきました。

「ああ、院長《いんちょう》さま、すばらしいごミサでした。院長《いんちょう》さまも、ごいっしょにいらっしゃれたら、どんなによかったかしれませんのに。」

みんなが、口《くち》ぐちに言《い》いました。

だれも、クララが、おみどうへ来《き》たのを見《み》ていないのです。

クララは、顔《かお》をかがやかせ、ほほえみながら言《い》いました。

「みなさん、どうぞ神《かみ》さまに感謝《かんしゃ》してください。神《かみ》さまは、わたしを一人《ひとり》になさらず、おみどうまでつれていってくださいました。わたしは、あなたたちといっしょに、ごミサにあずかり、歌《うた》をうたい、ご聖体《せいたい》までいただいたのですよ！」

クララが、サン・ダミアノ修道院《しゅうどういん》にこもってから、四十一年《ねん》の月日《つきひ》がたっていました。その間《あいだ》、どこへも出《で》かけていかなかったのですが、その信仰《しんこう》のお手本《てほん》は、多《おお》くの人々《ひとびと》を、神《かみ》さまにひきよせ、クララ会《かい》のシスターたちは、世界《せかい》の各地《かくち》に、修道院《しゅうどういん》をつくるようになっていました。そして、クララのいのりは、多《おお》くの人々《ひとびと》のたましいをすくい、おめぐみをもたらしました。

生《う》まれるまえに、「この子《こ》は、全世界《ぜんせかい》を照《て》らす光《ひかり》になるだろう」と言《い》われ、「クラ　ラ」（光《ひか》りかがやくもの）と、名《な》づけられたのでしたが、そのことばどおりになったのです。

サン・ダミアノのシスターたちは、この院長《いんちょう》を心《こころ》からそんけいし、愛《あい》していましたから、入《い》れかわり、たちかわり、病室《びょうしつ》につきそって、夜《よる》もねずに看病《かんびょう》しました。

また、クララの死《し》の近《ちか》いことは、遠《とお》くの地方《ちほう》までつたわり、人々《ひとびと》が、たくさんのいのりをささげました。

ある修道院《しゅうどういん》のシスターは、クララのことを思《おも》い、たいへん悲《かな》しんでいるとき、光《ひかり》につつまれた貴婦人《きふじん》があらわれて、こう言《い》うのを聞《き》きました。

「泣《な》いてはいけません。クララは、きっと天国《てんごく》へ行《い》くでしょう。でも教皇《きょうこう》さまが、ここへいらっしゃるまでは、死《し》ぬことはありません。」

クララは、教皇《きょうこう》さまに、一《ひと》つのおねがいをしていたのです。

それは、フランシスコが決《き》め、クララが、ずっと守《まも》りつづけてきた「完全《かんぜん》な清貧《せいひん》」を、クララ会《かい》の会則《かいそく》（会《かい》のきまり）としてみとめる、正式《せいしき》なゆるしをいただきたい、ということでした。

クララの死後《しご》も、クララ会《かい》のシスターたちが、ずっと同《おな》じように、完全《かんぜん》にまずしい生活《せいかつ》を守《まも》っていくことをのぞんだからです。

クララが、それまでにもあったほかの修道会《しゅうどうかい》にはいらなかったのは、フランシスコの精神《せいしん》にしたがって、できるかぎり、キリストさまの生活《せいかつ》にならい、すべてをすてて、けんそんに、そして愛《あい》にあふれて生《い》きる女子修道会《じょししゅうどうかい》をつくりたいと思《おも》ったからでした。

サン・ダミアノ修道院《しゅうどういん》には、ほとんど家具《かぐ》らしい家具《かぐ》もなく、ゆかやかべには、われ目《め》があって、寒《さむ》い風《かぜ》がふきこみ、ベッドのかわりに、木《き》のえだやわらをしいていました。食《た》べ物《もの》は、パンがひときれと、ときどき、野菜《やさい》スープがつくられるくらいで、何日《なんにち》も食《た》べずにすごすこともありました。また服《ふく》は古《ふる》びて、つぎはぎだらけで、冬《ふゆ》でもはだしに、木《き》のサンダルをはいていました。

人々《ひとびと》からあざけられ、からだじゅうむち打《う》たれ、たいへんなくるしみのうちに、みすぼらしいすがたで、十字架上《じゅうじかじょう》でなくなったイエスさまにならおうと思《おも》えば、このような生活《せいかつ》をするのはあたりまえだと、クララは思《おも》っていました。

そして、まずしくくらせばくらすほど、天国《てんごく》でのよろこびは大《おお》きいと、信《しん》じていました。

きびしい冬《ふゆ》がおとずれました。

はげしい風《かぜ》がふきつけ、まどのすきまからは、つめたい雨《あめ》や雪《ゆき》が、ふりこんできます。

シスターたちは、病気《びょうき》のクララに、自分《じぶん》たちの毛布《もうふ》をかそうとしましたが、クララは、それを、どうしてもゆるしませんでした。みんなが、すりきれた毛布《もうふ》を一まいずつしか持《も》っていないのを知《し》っていたからです。

やがて、春《はる》がやってきて、修道院《しゅうどういん》のまわりの森《もり》は、花《はな》がいっぱいになり、つばめも、南《みなみ》の国《くに》から帰《かえ》ってきました。でもクララは、庭《にわ》へ出《で》て、大《だい》すきな自然《しぜん》の中《なか》で、神《かみ》さまをたたえることが、もうできなくなってしまいました。

そんなクララの所《ところ》へ、思《おも》いがけず、りっぱなおみまい客《きゃく》がたずねてきました。それは、聖《せい》フランシスコのお墓《はか》のある教会《きょうかい》におまいりするため、アシジまで来《こ》られた教皇《きょうこう》イノセント四世《せい》でした。

クララの病気《びょうき》が重《おも》いことを聞《き》かれた教皇《きょうこう》さまは、わざわざサン・ダミアノ修道院《しゅうどういん》まで、おみまいに来《こ》られたのです。どんな聖人《せいじん》も、どんなえらい人《ひと》も、その病室《びょうしつ》に、キリストの代理《だいり》である教皇《きょうこう》さまご自身《じしん》の訪問《ほうもん》を受《う》けた人《ひと》は、いませんでした。

教皇《きょうこう》さまは、何人《なんにん》かのえらい司教《しきょう》さまをともなって、クララのへやにはいってこられました。

クララの顔《かお》は青白《あおじろ》く、弱《よわ》りきっていましたが、天使《てんし》のようなその目《め》は、いきいきと見《み》えました。教皇《きょうこう》さまを見《み》ると、感動《かんどう》のあまり、おきあがろうとしましたが、もうその力《ちから》はありませんでした。

クララをたいへんそんけいしていた教皇《きょうこう》さまは、なみだをおさえて、さいごのつみのゆるしをあたえました。

いつも神《かみ》さまといっしょにいたクララに、ゆるすほどのつみがあるとは思《おも》われませんでしたが、クララのけんそんなねがいをお聞《き》きになったのです。

教皇《きょうこう》さまの訪問《ほうもん》を受《う》けて、クララは、すっかり安心《あんしん》しました。でも修道会《しゅうどうかい》の会則《かいそく》をみとめる教皇《きょうこう》さまの許可《きょか》を正式《せいしき》につたえる書状《しょじょう》を手《て》にとるまでは、死《し》ねないと思《おも》っていました。

クララのまくらもとには、下《した》の妹《いもうと》のベアトリーチェと、遠《とお》くのモンティチェリ修道院《しゅうどういん》からかけつけた、上《うえ》の妹《いもうと》アグネスがつきそっていました。その修道院《しゅうどういん》からは、クララが危篤《きとく》だというアグネスからの知《し》らせを聞《き》いて、数人《すうにん》のシスターが、さいごにまにあうようにと出発《しゅっぱつ》しました。

道《みち》は遠《とお》いので、もしかしたら、着《つ》くまでになくなってしまうのではないかと心配《しんぱい》し、途中《とちゅう》、少《すこ》しの休《やす》みもとらず、食《た》べ物《もの》もほとんど食《た》べずに歩《ある》きつづけました。

いっぽう、病人《びょうにん》につきそっていたサン・ダミアノのシスターたちは、いままで死《し》んだようにねむっていたクララが、とつぜん、はっきりと言《い》うのを聞《き》きました。

「モンティチェリのシスターたちが、わたしに会《あ》いに門《もん》の所《ところ》にきていますから、むかえに出《で》てあげてくださ い。」

そこにいた人《ひと》たちは、びっくりして、顔《かお》を見合《みあ》わせました。だれもたずねてきた人《ひと》はいないのです。あたりは、しーんとして、人《ひと》の声《こえ》もしません。

——院長《いんちょう》さまは、熱《ねつ》でうわごとを言《い》っていらっしゃるのだわ——

と、みんなは思《おも》いました。

でも、おっしゃったことは、守《まも》らなければなりません。一人《ひとり》のシスターが、そっと立《た》って、げんかんのほうへおりていきました。

そのときです。

どんどんどんと、はげしく戸《と》をたたく音《おと》がしました。

「あけてください！　モンティチェリ修道院《しゅうどういん》から院長《いんちょう》さまに、お会《あ》いしにまいりました。」

まにあわないのではないかとの心配《しんぱい》から、暑《あつ》い中《なか》を走《はし》るようにして歩《ある》きつづけてきたシスターたちは、あせびっしょりで、息《いき》をきらせていました。

むかえに出《で》たシスターは、おどろきと感激《かんげき》で、思《おも》わずなみだをこぼしました。

クララには、愛《あい》するシスターたちのまごころが、ちゃんと通《つう》じていたのですね。

すっかりやせて、弱《よわ》ってしまったクララを見《み》て、シスターたちは、なみだをおさえることができませんでした。

クララは、やさしくほほえんで、十字《じゅうじ》をきり、祝福《しゅくふく》をあたえました。

「わたしが死《し》にましたら、このシスターがたに、わたしのベールをあげてください。それを、かたみとして、モンティチェリ修道院《しゅうどういん》にのこしてくださるように。」

クララは、サン・ダミアノのシスターたちにたのみました。

八月十日《がつとおか》のことでした。

ま夏《なつ》の太陽《たいよう》は、じりじりとてりつけ、クララは、暑《あつ》さに息《いき》がたえだえでした。

そんなとき、待《ま》ちに待《ま》ったお使《つか》いがやってきました。フランシスコ会《かい》の兄弟《きょうだい》の一人《ひとり》が、クララ会《かい》の会則《かいそく》を許可《きょか》する教皇《きょうこう》さまからの、正式《せいしき》な書状《しょじょう》をもってきたのです。

それは、フランシスコから、クララが受《う》けついだ生活《せいかつ》、みんなが心《こころ》を一《ひと》つにし、もっともきびしい清貧《せいひん》のちかいを守《まも》る生活《せいかつ》を、正式《せいしき》にみとめ、これをやぶることをゆるさないというものでした。

これで、クララの死後《しご》も、クララ会修道院《かいしゅうどういん》では、ずっと、この清貧《せいひん》の生活《せいかつ》が守《まも》られることになるのです。

クララは、心《こころ》からしあわせそうなほほえみをうかべて、この書状《しょじょう》をむねにおしあて、せっぷんしました。いままでたえてきた、すべてのくるしみをわすれてしまうほどの安心《あんしん》と、よろこびだったのです。

のぞみがかなえられると、いままでの力《ちから》が、急《きゅう》にぬけたように、クララのいのちはあぶなくなりました。

ベッドの横《よこ》には、フランシスコのもっとも親《した》しい弟子《でし》だった、兄弟《きょうだい》アンジェロと兄弟《きょうだい》レオーネがひざまずき、クララをはげましています。そして、なかよしの妹《いもうと》アグネスがしっかりと、クララの手《て》をにぎって、なみだにくれていました。

クララは、静《しず》かな声《こえ》で、アグネスに言《い》いました。

「わたしは、もうすぐ、この世《よ》をはなれなければなりません。でも、泣《な》いてはいけませんよ。わたしが天国《てんごく》へ行《い》ったらすぐに、あなたも、神《かみ》さまのもとへ行《い》くことになるでしょう。ですから、お別《わか》れするのは、ほんの少《すこ》しの間《あいだ》だけです。」

このことばどおり、クララより十六日《にち》おそく修道院《しゅうどういん》にはいったアグネスは、同《おな》じように、クララの死《し》から、ちょうど十六日《にち》めに、そのあとを追《お》うように、天国《てんごく》へ旅《たび》立《だ》っていったのです。

クララの顔《かお》は、天国《てんごく》へ行《い》けるよろこびにかがやいて見《み》えましたが、体《からだ》のくるしみは、はげしいものでした。でも、がまんづよいクララは、くちびるをかみしめているだけで、少《すこ》しもうめき声《ごえ》を出《だ》しませんでした。

イエスさまのおくるしみを、はっきりと見《み》たクララには、このくらいのくるしみやいたみは、くらべものにならないと思《おも》えたのでしょう。

時《とき》がたつにつれて、くるしみは少《すこ》しずつ弱《よわ》まり、クララのたましいがだんだんに、天国《てんごく》へ近《ちか》づいていくのがわかるように、その顔《かお》がかがやきをましてきました。

そばにいたシスターの一人《ひとり》に、クララは、

「あなたにも、あの光《ひか》りかがやく神《かみ》さまが見《み》えますか?」

と、言《い》いました。

もちろん、シスターには何《なに》も見《み》えません。

クララは、もう天国《てんごく》のようすをのぞいていたのでしょうか。

顔《かお》はやせ細《ほそ》り、くちびるは色《いろ》あせていましたが、まどからさしこむ月《つき》の光《ひかり》にてらされたクララの、なんと美《うつく》しく、きよらかなことでしょう。

みすぼらしい修道服《しゅうどうふく》のままのクララは、まさに、「ぼろをまとった天使《てんし》」でした。


いよいよクララがなくなる、まえの日《ひ》の夜《よる》のことです。

看病《かんびょう》にあたっていたシスター・ベンヴェヌータは、とつぜん、へやの中《なか》が、ばらのかおりでいっぱいになったように思《おも》いました。

ふしぎな気持《きも》ちで、まわりを見《み》まわすと、ドアがひとりでに、そっとあくではありませんか。とたんに、目《め》もくらむようなまぶしい光《ひかり》が、へやの中《なか》にさしこみ、ベンヴェヌータは、思《おも》わずあっとさけびました。

二列《れつ》にならんだ、美《うつく》しい天使《てんし》のような女《おんな》の人《ひと》たちが、まっ白《しろ》な服《ふく》をつけ、静《しず》かにへやへはいってきました。そして、そのあとからいちだんと美《うつく》しい貴婦人《きふじん》が、かんむりをつけ、光《ひか》りかがやく服《ふく》を着《き》てあらわれたのです。

そのかたは、そっとクララのベッドに近《ちか》より、やさしく、そのひたいにせっぷんすると、女《おんな》の人《ひと》たちをしたがえて、ふたたびへやの外《そと》へ消《き》えました。

ベンヴェヌータは、夢《ゆめ》なのか、まぼろしなのか、それともほんとうにおこったことなのか、わからずに、ただぼうっとしていました。

――でも、たしかに、わたしは目《め》がさめていた。この目《め》で、わたしはマリアさまを見《み》た。マリアさまが、院長《いんちょう》さまをおむかえにいらっしゃったのだわ――

ベンヴェヌータは、クララは、もう半分《はんぶん》、天国《てんごく》にはいっているのだと思《おも》いました。もうじき、あのみすぼらしい服《ふく》をぬぎすて、いま見《み》たような美《うつく》しい服《ふく》をつけて、神《かみ》さまの所《ところ》へ行《い》くのでしょう。

翌日《よくじつ》、兄弟《きょうだい》たちやシスターたちは、もう息《いき》もかすかなクララをかこんで、泣《な》きながらいのっていました。

森《もり》の中《なか》では、いつもの小鳥《ことり》の声《こえ》が聞《き》こえません。鳥《とり》たちも、クララのために、静《しず》かにいのっているのです。

やがて、くちびるをかすかに動《うご》かして、やさしいほほえみをうかべると、クララは、ねむるようにその息《いき》をとめました。

一二五三年《ねん》八月《がつ》十一日《にち》、暑《あつ》い夏《なつ》の日《ひ》のことでした。


天国《てんごく》では、フランシスコが、クララのくるのを待《ま》ちかねていたことでしょう。もう四十二年《ねん》もまえ、あの星《ほし》のかがやく夜《よる》に、家《いえ》をぬけ出《だ》してきたファバローネの美《うつく》しいむすめを、森《もり》の中《なか》でたいまつを持《も》って出《で》むかえたときのように……。

クララは、わずか二年後《ねんご》の、一二五五年《ねん》に、聖人《せいじん》の位《くらい》にあげられ、聖女《せいじょ》クララとなりました。生《う》まれたときから、「光《ひか》りかがやくもの」と、名《な》づけられた、この神《かみ》さまの子《こ》どもは、いまこそほんとうに、光《ひか》りかがやきながら、愛《あい》するイエスさまのもとへ帰《かえ》っていったのでした。

参考にした本

『聖女クララ』マリア・ピエラッツィ著／岳野慶作訳　聖クララ会編　ドン・ボスコ社
『アッシジの聖フランシスコ』永井　明著／中央出版社
『アシジの貧者』ニコス・カザンツァキ著／清水　茂訳　みすず書房
『アシジの聖クララの精神』ヘルベルト・ロゲン著／石井健吾訳　エンデルレ書店
『教会の聖人たち』（下巻）池田敏雄著／中央出版社
『キリストの横顔』ペトロ・アルペ著／ドン・ボスコ社

文を書いた人

坂牧 俊子（さかまきとしこ）

東京に生まれる。2015年帰天。
聖心女子大学在学中に受洗。霊名ベルナデッタ。
一男二女の母。
作品『ベルナデッタ』『末っ子先生』
『五郎神父の日記』『五郎神父のかけだし日記』
『純からの贈物』『カオリの日本留学記』（女子パウロ会）
『魅力の人』『魅力の人II』（自費出版）

絵を書いた人

矢野 滋子（やのしげこ）

聖パウロ女子修道会会員。
2018年帰天。
作品『新約聖書物語』『旧約聖書物語』『マリアさま』
『イエズスのおかあさん』『まいごのひつじ』
『くりすます』『信じるものの小さなことば』
『心の歌』（女子パウロ会）

クララ

文 坂牧 俊子　絵 矢野 滋子
発行所 女子パウロ会
代表者 松岡 陽子
107-0052 東京都港区赤坂8丁目12－42
電話 (03)3479-3943 FAX (03)3479-3944
http://www.pauline.or.jp
印刷所 株式会社平河工業社
初版発行 1983年5月31日
改訂初版 2019年11月10日

ISBN978-4-7896-0816-9 C8023 NDC289

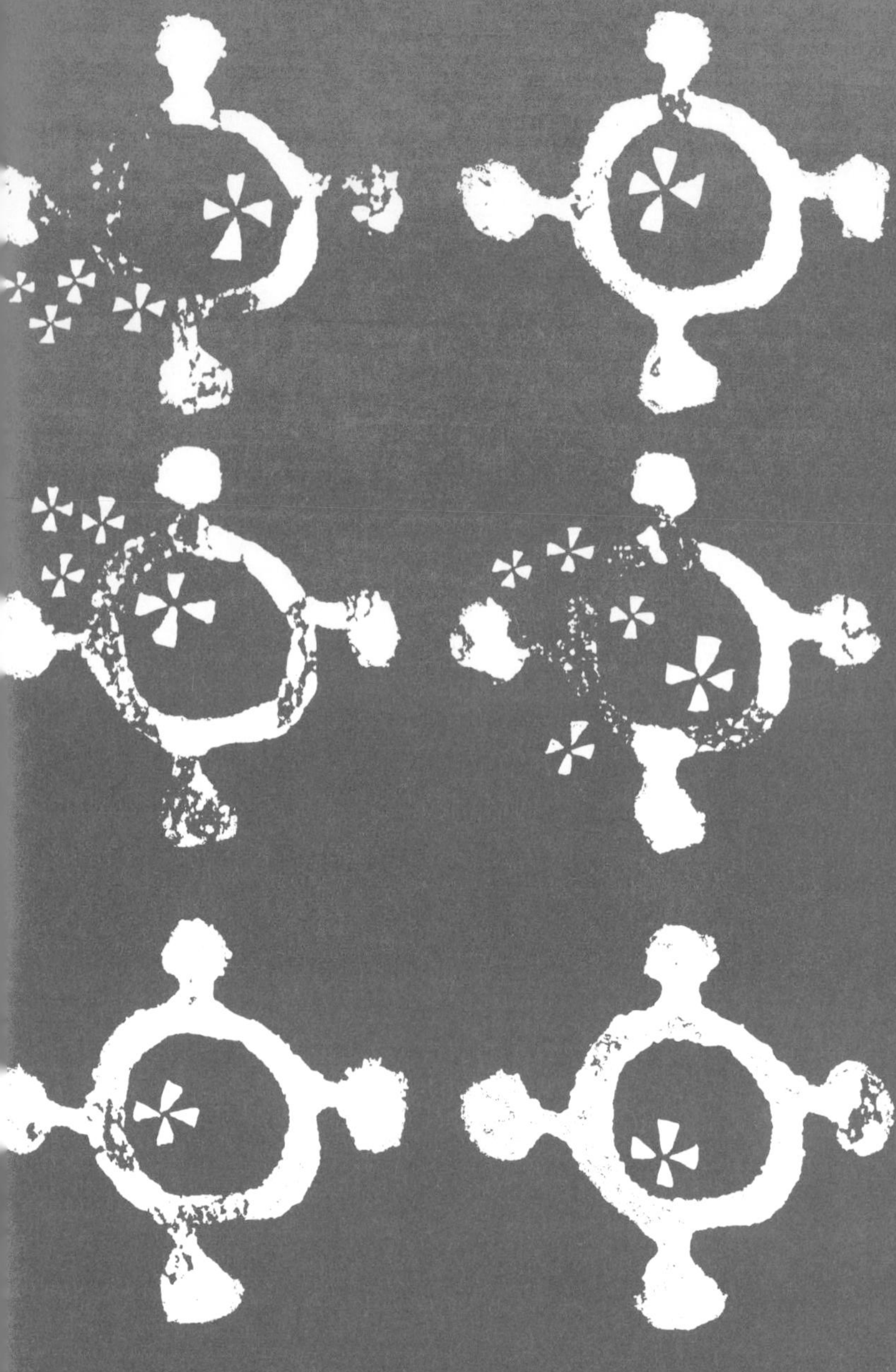